Benno Hafeneger, Hannah Jestädt

AfD im
Hessischen Landtag

Ein neuer Politikstil und seine Auswirkungen

W0060425

**WOCHEN
SCHAU
VERLAG**

Bibliografische Information der Deutschen Nationalbibliothek

Die Deutsche Nationalbibliothek verzeichnet diese Publikation in der Deutschen Nationalbibliografie; detaillierte bibliografische Daten sind im Internet unter http://dnb.d-nb.de abrufbar.

© WOCHENSCHAU Verlag,
Dr. Kurt Debus GmbH
Frankfurt/M. 2020

www.wochenschau-verlag.de

Gesamtherstellung: Wochenschau Verlag
Gedruckt auf chlorfrei gebleichtem Papier
ISBN 978-3-7344-0989-9 (Buch)
E-Book ISBN 978-3-7344-0990-5 (PDF)

Inhalt

Einleitung

Der Gründung der „Alternative für Deutschland" (AfD) im Jahr 2013 folgte eine kaum noch überschaubare Anzahl von Publikationen und Aufsatztiteln, in denen versucht wird, die Ursachen und Gründe für den rechten Populismus und die AfD multifaktoriell zu erklären. Wiederholt wurden die vielschichtigen Entstehungshintergründe und die Gründung, die junge Geschichte von sieben Jahren aus unterschiedlichen wissenschaftlichen Perspektiven analytisch und historisch zu klären und einzuordnen versucht. Das gilt für die gesellschaftlichen Umbrüche und Krisenentwicklungen in der globalisierten Moderne mit ihren Risiken und Folgen, die Veränderung der deutschen (und westlichen) Parteienlandschaft und Herausbildung von rechtspopulistischen Bewegungen und Parteien; dann für die AfD als bundesdeutsches Phänomen mit ihren Metamorphosen, ihrer ideologischen und programmatischen Kontur, den typischen Merkmalen, den Themen und Politikstrategien sowie für deren Einfluss auf die politische Kultur der Republik. Weiter geben zahlreiche Detailstudien und empirische Befunde differenzierte Einblicke in die Rechtsaußenpartei mit ihren innerparteilichen Strömungen und regionalen Differenzierungen, ihren Wahlergebnissen, Dynamiken und Akteuren.

Mit der breiten parlamentarischen Repräsentanz der AfD auf allen politischen Ebenen, ihren Wahlerfolgen und ihrem wiederholten Einzug in Parlamente und Vertretungen ist sie zu einem neuen oppositionellen Akteur mit z. T. großen Fraktionen und größte Oppositionspartei geworden. Mittlerweile liegen auch zahlreiche Studien zur „AfD in Parlamenten" vor, die Einblicke in die Wähler*innenschaft und die Sozialstruktur von Fraktionen, in deren Rhetorik und die Strategievarianten mit den Themen, Redebeiträgen und Verhaltensweisen geben, die sie in die Parlamente einbringen.

Die parlamentarische Präsenz und die Instrumente und politischen Einflussmöglichkeiten von neuen Oppositionsparteien verändern generell das Parlamentsgeschehen; und mit der AfD hat – so alle vorliegenden Hinweise – bei allen Differenzierungen von Fraktionen ein aggressiver und konfrontativer, provozierender, polarisierender und emotionalisierender Politikstil in die Parlamente Einzug gehalten. Zu ihrem Kerngeschäft gehören gezielte Provokationen und Konfrontationen, die sowohl um ihre Kernthemen Migration/Flucht/Asyl und Islam sowie Innere Sicherheit kreisen, als auch eine Vielfalt von weiteren Politikfeldern und Themen behandeln – von Gender über Kultur bis zum Klima – mit Positionen, die die AfD im Sinne einer Fundamentalopposition mit reaktionären Narrativen einnimmt.

Die vorliegende Publikation knüpft an unsere Studie „AfD in Parlamenten" aus dem Jahr 2018 an, in der wir die Politik der AfD im Landtag von Rheinland-Pfalz und in hessischen und niedersächsischen Kommunen untersucht haben. Sie versteht sich als ein weiterer Beitrag in der Tradition von Parlamentsstudien und will am Beispiel der AfD-Landtagsfraktion in Hessen aufzeigen, wie die Rechtsaußenpartei agiert. Im Mittelpunkt steht das Interesse, empirisch zu klären, was sie und wie sie sich mit den der Fraktion zustehenden Rechten und Möglichkeiten einer Oppositionspartei in die Praxis des Parlamentsgeschehens einbringt. Dabei entsteht ein durchaus facettenreiches Bild einer AfD-Landtagsfraktion, die versucht, alle möglichen Landesthemen aufzunehmen, ideologisch zu konturieren und mit einem typischen Profil zu versehen. Während sie in den ersten Monaten des Jahres 2019 eher zurückhaltend, moderat-gemäßigt aufgetreten ist, wird im zweiten Halbjahr 2019 das Agieren aggressiver und ist auch mit „Hass und Hetze" verbunden. Deutlich wird, dass alle parlamentarischen Aktivitäten – Anträge, Anfragen, Debattenbeiträge, Zwischenrufe – einer durchaus heterogenen Fraktion gemeinsam als Ziel verfolgen, die Demokratie, Gesellschaft und politische Kultur auch in der Landespolitik renationalisierend nach rechts zu verschieben.

Weiter geht es in der Studie um die Frage: Was würde es für ein Bundesland bedeuten und welche Folgen hätte es, wenn die von der AfD-Fraktion eingebrachten, formulierten und geäußerten – in großen Teilen menschen- und demokratiefeindlichen – Politikvorstellungen mit einer Machtoption verbunden wären und in politische Wirklichkeit hätten umgesetzt werden können?

Die Studie ist zugleich Material, das Anregungen und Hinweise zu Reflexionen gibt, mit welchen Möglichkeiten und Varianten sich die etablierten demokratischen Parteien in Parlamenten mit der AfD als – so scheint es – stabilem neuem „Wettbewerber" und einer sich etablierenden parlamentarischen Kraft auseinandersetzen sollten. Die bisherige Diskussion zum Umgang mit der AfD zeigt, dass sie nicht mehr einfach ignoriert werden kann und differenzierte Überlegungen – mit der Maßgabe, nicht zu ihrer Normalisierung beizutragen, weil sie keine normale Partei mit einem klaren Bekenntnis zur repräsentativen parlamentarischen Demokratie ist – zum angemessenen Umgang im Horizont von Ignorieren, Abgrenzen und Ausgrenzen noch nicht abgeschlossen sind.

Marburg, im März 2020

Benno Hafeneger
Hannah Jestädt

1. AfD – eine neue Partei und ein mehrdimensionales Phänomen

Die umfänglich vorliegenden sozial- und politikwissenschaftlichen Publikationen zum rechten Populismus und zur AfD als rechtspopulistische und in Teilen rechtsradikale/-extreme Partei sowie zu ihren Akteuren kommen zu unterschiedlich akzentuierten Einschätzungen und Diagnoseangeboten. Sie zeigen die Such- und Deutungsprozesse eines neuen Phänomens und einer neuen politisch-kulturellen Konfliktlinie in einer von Paradoxien durchzogenen Gesellschaft, in unübersichtlichen und verunsicherten Zeiten mit neuen Krisensymptomen und politischen Konstellationen, sowie Veränderungen der politischen Kultur und Parteienlandschaft.[1]

1.1 Diagnostische Blicke

Die wissenschaftlich-diagnostischen Blicke und Rahmungen bieten unterschiedliche Akzente an, haben Gemeinsamkeiten und Überschneidungen. So werden der rechte Populismus und die AfD in der aktuellen und kaum noch überschaubaren Literatur u. a. als „Formierung eines rechten Projektes" (Friedrich 2019), als „mehrdimensionales Phänomen, das im Parteienwettbewerb aktuell für die zentralen ungelösten Fragen einer sich globalisierenden Moderne steht", sowie einer „rechtspopulistischen Landnahme" vor dem Hintergrund „gegenwärtiger, tiefer gesellschaftlicher Widersprüche und Übergänge" diagnostiziert (Schroeder/Weßels 2019). Die AfD wird weiter bei allen Differenzierungen folgendermaßen charakterisiert:

- als „rechtsextremistische Partei" (Salzborn 2018);
- als „Problem- und Krisensymptom westlicher Gesellschaften" im Kontext der jeweiligen politischen Ökonomien, von Neoliberalismus und Globalisierung (Manow 2018);
- als „neue nationalistische Formation" und „Zäsur in der Geschichte der Bundesrepublik" mit einer „Rückkehr des Nationalismus" (Frei/Maubach/Morina/Tändler 2019);

- als Revolte von rechts bzw. „autoritäre Revolte" (Weiß 2017);
- als Partei mit einer „völkischen Definition des Volkes" (Wildt 2017) oder mit Blick in die Tiefenstrukturen westlicher Gesellschaften und globaler Moderne als „Folge eines bislang noch unbewältigten epochalen Umbruchs" (Koppetsch 2019);
- als „nachholende Etablierung des Rechtspopulismus" in Deutschland und Gefährdung bzw. Gefahren der „teils gut, teils mäßig, teils schlecht funktionierenden Demokratien" (Hartmann/Frahm/Decker 2019).

Wilhelm Heitmeyer (2018) spricht von „autoritären Versuchungen" und „Signaturen der Bedrohung", und wiederholt wird die „enthemmte", die „gespaltene" und/oder „verlorene Mitte" (vgl. Zick/Küpper/Krause 2016, Zick/Küpper/Berghan 2019) und die „Repräsentationslücke" sowie Legitimationskrise im Parteiensystem thematisiert (u. a. Schroeder/Weßels 2019, Koppetsch 2019). Nach Christoph Butterwegge (2020) profitieren rechtspopulistische Parteien wie die AfD von den sozioökonomischen Spaltungen und Ungleichheitsdynamiken in der Gesellschaft, „die ihre demagogische Propaganda als Ergebnis der Machenschaften einer korrupten Elite und einer Welle der Zuwanderung in die deutschen Sozialsysteme deutet" (S. 386). Für Philip Manow (2018) ist der „Populismus im Wesentlichen als Protestartikulation gegen Globalisierung zu interpretieren" und nicht – wie es Andreas Reckwitz kritisiert – ein Beleg für eine fortschreitende „Kulturalisierung der Politik" (S. 11).

Weiter kategorisiert Matthias Quent (2019) die AfD und ihr Umfeld als „rechtsradikal", Cas Mudde (2017) spricht von einem „populistischen Zeitgeist", Wolfgang Schroeder und Bernhard Weßels (2019) sprechen von einer Partei zwischen „Parlament und Bewegung" und Floris Biskamp (2019) bietet für die Entwicklung und heutige Situation der AfD das Bild einer Matrjoschka-Puppe an: „Im Innern sitzen rechtsextreme

Kräfte, die „Selbstverharmlosung"' (Götz Kubitschek) betreiben, indem sie sich fürs Erste hinter rechtsradikalen Kräften verstecken. Diese wiederum verbergen sich hinter einer bürgerlich-konservativen Selbstdarstellung, aus der heraus sie Koalitionsofferten an die Union machen". Damit hat die Partei für ihn „den Kipppunkt von einer rechtsradikalen Partei zu einer starken rechtsextremen Strömung hin zu einer rechtsextremen Partei erreicht", und sie geben den Takt in der AfD an (taz vom 9. Dezember 2019).

1.2 Breitere Rahmung

Diese Angebote, menschen- und demokratiefeindliche Entwicklungen und die sich etablierende AfD zu verstehen, sind eingebunden in breitere ambitionierte Such- und Diagnoseversuche, mit denen man in den Sozialwissenschaften epochale Entwicklungen und Umbrüche, Strukturen und Phänomene in den letzten Jahren – und sich entwickelnd über einen langen Zeitraum – zu erklären versucht. Es sind Selbstbeschreibungen der modernen Gesellschaft, zu denen in der neueren Diskussion Großbegriffe und Titel wie „rohe Bürgerlichkeit" in einem „autoritären Kapitalismus" (Heitmeyer 2012), „Kapitalismus als Ungleichheitsregime" (Piketty 2020), „Gesellschaft der Angst" (Bude 2014), „Abstiegsgesellschaft" (Nachtwey 2016), „Externalisierungsgesellschaft" (Lessenich 2016), „Gesellschaft des Zorns" (Koppetsch 2019), „Postdemokratie nach der Krise" (Crouch 2017, 2019), „Gesellschaft der Singularitäten" (Reckwitz 2019), „Postmigrantische Gesellschaft" (Foroutan 2019) zählen. Stefan Lessenich (2019) reflektiert die Dialektik der Demokratie und fragt nach der „ungezähmten Dominanz ökonomischer Interessen". Für Albrecht Lucke (2019) ist das Aufkommen der AfD mit ihren „rechten Antworten" – als „Volkspartei neuen Typs" und angebliche „Kümmererpartei" sowie Teil einer „national-sozialen Sammlungsbewegung" (S. 78) – v. a. auch eine existenzielle Herausforderung für die gesamte Linke.

Für die Spätmoderne reflektiert Andreas Reckwitz (2017, 2019) mit Blick auf Politik, Ökonomie und Kultur eine Entwicklung vom „Ende der Illusionen", eine neue Kartografie von Milieus – mit einer „Kulturalisierung der Lebensformen" und von polarisierten Lebenswirklichkeiten, und er plädiert für einen neuen „regulativen Liberalismus". Für ihn ist der Aufstieg des Rechtspopulismus mit seinen identitären Angeboten als eine Tendenz und Kultur der Schließung ein Ausdruck von Entwertungserfahrungen von Milieus und Klassen. Er diagnostiziert die Spätmoderne als neue Drei-Drittel-Gesellschaft: die neue akademische Mittelklasse (als sozial-kulturelle Klasse), eine neue expandierende Unterklasse und die alte (nichtakademische) Mittelklasse. Die gesellschaftliche Entwicklung ist für ihn verbunden mit einer Konkurrenz zwischen einer alten, traditionellen und einer neuen, modernen Mittelschicht. Letztere wird als urban und kosmopolitisch, akademisch gebildet und innovativ, kulturell dominierend und öffentlichkeitswirksam sowie als, Träger des globalen Wandels beschrieben. Die alte und traditionelle Mittelschicht gilt als fleißig, lebt mehr am Rande von Metropolen und in Kleinstädten, ist lokalistisch orientiert, weniger kreativ und innovativ, gilt als konsumistisch, ist mit traditionellen Werten verbunden und eher kleinbürgerlich-spießig. Er markiert die Epoche seit den 1980er- Jahren mit dem Paradigma – einer übergreifenden Grundannahme – eines „neuen Liberalismus", eines wirtschaftlichen Neo- und kulturellen Linksliberalismus. Dabei werden alte Begrenzungen ökonomisch und kulturell überschritten und beide sind Teil von Konzepten wie Offenheit, Entgrenzung und Globalisierung.

Nach Christoph Daase et al. (2019) haben sich auf der einen Seite die demokratischen Milieus gefestigt, zugleich haben sich die nichtdemokratischen (vorurteilsgebundenen, antidemokratisch-autoritären) Milieus radikalisiert. Seit den 1990er-Jahren finden in einem langen Prozess zunehmender Polarisierung radikalisierte und sich normalisierende Einstellungen (u. a. popularisiert durch die Thesen von Thilo Sarrazin) leichter ihren Weg in die sogenannte „Mitte" der Gesellschaft. In diesen Grenzverschiebungen (Grenzen des Sagbaren) haben populistische Parteien wie die AfD mit ihrem Antimodernismus, Antiuniversalismus und Antifeminismus, ihrem Geschichtsrevisionismus und völkischen Nationalismus eine Brückenfunktion.

Für Manow (2018) ist der Rechtspopulismus „nicht nur ein Krisensymptom westlicher Gesellschaften, sondern auch diese Krise weiter verschärfendes Moment"; nach ihm muss man „zugleich über den Kapitalismus sprechen" (S. 8 f.). Zahlreiche Publikationen akzentuieren in einem neoliberal verfassten Kapitalismus den Blick auf die „Ökonomie, Spaltungen und Ungleichheiten" (Stieglitz 2012, Piketty 2016, 2020, Manow 2018, Berger 2019) und diagnostizieren v. a. eine ökonomische Spaltungslinie, eine von sozioökonomischen Spaltungen und Ungleichheiten geprägte „zerrissene Republik" (Butterwegge/ Hentges/Lösch 2018, Butterwegge 2020). Es ist die Rede von der „großen Regression" (Geiselberger 2017), dem „Schweigen der Mitte" (Ackermann 2020) oder einer „Gesellschaft und Republik in Angst" (Bude 2014, Biess 2019), oder auch der Sehnsucht nach „starken Männern" (Klein et al. 2018).

Weitere zeitdiagnostische Großbegriffe und Denkfiguren sind Beschleunigung, Digitalisierung, Differenzierung, Komplexität und Globalisierung. Vor allem der letztere Begriff wird als Grundzug und Selbstbeschreibung der derzeitigen gesellschaftlichen und ökonomischen Prozesse angeboten. Den Folgen der vielschichtigen und ganz disparaten Erscheinungsformen der alles durchdringenden Globalisierung – die eine Projektionsfläche für alle Veränderungen und Probleme ist (z. B. auch die Zuwanderung, Zukunftsängste, Gewinner und Verlierer) – werden zahlreiche Phänomene zugeschrieben, so auch der Rechtspopulismus und das „Klientel" populistischer Parteien, die v. a. Angst vor der Globalisierung hätten.

In der wissenschaftlichen Debatte ist bei allen unterschiedlichen Nuancierungen weitgehend Konsens: Generell wird ein

Vordringen der Neuen Rechten mit ihren neuen Formationen (Pegida, Identitäre Bewegung), Netzwerken (dem Institut für Staatspolitik) und mit neuen Parteistrukturen (AfD) in die „Mitte" der Gesellschaft konstatiert; damit verbunden die Formierung eines rechten autoritären gesellschaftlichen Projektes – eines autoritären Kapitalismus – mit den Merkmalen eines rechten Populismus, völkischen Nationalismus und rechten Extremismus (mit dem starken „Flügel" als Zentrum der AfD). Dabei hat sich die AfD als Partei mit ihren Vernetzungsstrukturen „als ein Sammelbecken unterschiedlicher politischer Milieus und Wählerschichten etabliert" (Frei et al. 2019, S. 198), die in viele Richtungen politisch und ideologisch anschlussfähig ist. Diese menschen- und demokratiefeindliche Formierung ist verbunden mit Forderungen, die mit einem autoritären Politikentwurf auf ein ethnisch reines Deutschland/ein homogenes Volk zielen, den „wahren" Willen des Volkes und „wirkliche" (direkte) Demokratie reklamieren, die Grund- und Menschenrechte sowie demokratische Institutionen und Verfahren verächtlich machen. Dies kann mit vielen programmatischen Äußerungen, Wahlkampfmaterialien, Redebeiträgen und Beschwörungen von Akteur*innen der AfD – die zugleich von einer autoritären inneren Orientierung und Ausrichtung geprägt ist – nachdrücklich belegt werden.

Der Aufstieg des rechten Populismus wird als ein Produkt und Krisensymptom der Globalisierung und von neoliberaler Politik, als eine globale autoritäre Revolte sowie eine „Angstbewegung" mit ihren jeweils nationalen Antworten auf gesellschaftliche Krisenentwicklungen verstanden; er ist zugleich eine Kampfansage an die liberale Demokratie bzw. das westliche Demokratiemodell. Hingewiesen wird auf die schleichende Erosion der Demokratie und darauf, dass Demokratie und Rechtsstaat nicht nur von Rechtsaußen angegriffen werden, sondern auch aus der politischen Mitte, dass sich Grenzen zwischen demokratisch fundierter konservativer und populistisch-rechtsradikaler Politik verschieben, womit eine Verrohung des Diskurses einhergeht. Mit der Veränderung des Tons und Verschiebung der Grenzen des Sagbaren sowie einer schleichenden Aushöhlung der demokratischen Institutionen spricht Julian Nida-Rümelin (2020) von der „gefährdeten Rationalität der Demokratie". Diagnostiziert wird, dass „Berlin nicht Weimar" ist und wir keine „Weimarer Verhältnisse" haben (Wirsching et al. 2018).

1.3 Sprache und Rhetorik

Sprache ist soziale Praxis, sie beschreibt und klassifiziert, diskriminiert und verletzt Menschen; sie konstruiert mit ihren Begriffen und Metaphern „Andere" und deutet Wirklichkeit. Als rassistische Sprache ist sie wesentlicher Bestandteil verschiedener Rassismen, die sie gesellschaftlich und interaktiv produziert und reproduziert (Hentges et al. 2014). Die Sprache und Rhetorik der AfD bzw. von AfD-Vertreter*innen sind neben den schriftlichen Dokumenten (wie Programme, Anträge und Anfragen in Parlamenten) zentrale Merkmale und Belege für die politisch-kulturelle Verortung der Partei und sind ein Hinweis für eine gesellschaftliche Normenverschiebung bzw. Radikalisierung nach rechts. Sie versuchen systematisch und wiederholt, Begriffe und Dinge zu legitimieren und zu normalisieren, die angeblich jetzt – von ihr – gesagt oder getan werden dürfen, die früher tabu waren oder sanktioniert worden wären (vgl. Walther/Isemann 2019). Dabei versucht sie die AfD Grenzen zu verschieben und mit völkischem Vokabular – mit einer Verkettung von Metaphern – zu provozieren und zu denunzieren sowie sich „gegen Feminismus, kulturellen Pluralismus sowie universelle Menschen- und Grundrechte zu positionieren" (Schroeder/Weßels 2019, S. 25). Die Rhetorik ist eingebunden in ein aggressives kulturpessimistisches Denken mit Verschwörungs- und Dekadenzphänomenen, die vom Elitenversagen bis zum „Bevölkerungsaustausch", von „Entsorgung" bis hin zur NS-Zeit als „Vogelschiss" reichen. Der Anspruch, für „das Volk" zu sprechen, führt zu totalitären Ermächtigungsvorstellungen, Rache- und Vernichtungsfantasien.

Zur Krisenrhetorik und zu den Mobilisierungs- und Polarisierungsthemen gehören – neben vielen anderen Themen wie Europa oder der Euro – v. a. Demokratie- und Elitenkritik, Migration, Islam, Klima und Gender. Mit der Elitenkritik geht es um die Entgegensetzung von „gutem Volk" und „korrupten Eliten" als einem zentralen Element rechtspopulistischen Denkens, das mit einem verschwörungsideologischen Weltbild von „Verrat am deutschen Volk", mit „Umvolkung" und „Bevölkerungsaustausch" verbunden ist. Eine Rhetorik der Gewalt und die militarisierte Sprache drücken sich aus in Formulierungen wie: Menschen in andere Länder zu „entsorgen", Politiker „zu jagen" (Gauland), Angela Merkel zu „erlegen" (Fest), Journalist*innen „an die Wand zu stellen" (Arppe) und politische Gegner aus Hubschraubern zu werfen (Schwarz), sich Terroranschläge (Samtleben) und einen Bürgerkrieg (Grauf) zu wünschen. Mit Bezug auf Migranten, Asylbewerber und Flüchtlinge stimulieren Begriffe und Bilder wie „Kulturfremde", „Horden", „Bedrohung", „Invasion", „Ansturm", „volles Boot", „überschwemmt" und „überrollt" eine alarmistische Schließungs- und Rettungsrhetorik. Gauland sprach davon, „dass Völker unwillig sind, den grauen Tod der Diversity zu sterben", und von „einem elementaren Bedürfnis eines Volkes, sich im Dasein zu erhalten". Verbunden mit Verschwörungsmythen und Untergangsszenarien werden mit solchen Formulierungen und Bildern wiederholt Angstgefühle und eine bevorstehende Katastrophe beschworen und geradezu herbeigesehnt, die man – so die Logik der Botschaften – verhindern und gegen die man sich (auch mit Gewalt) wehren muss.

Einige weitere ausgewählte Äußerungen von Akteuren der AfD belegen diese Einschätzung: Der AfD-Abgeordnete Nicolaus Fest im EU-Parlament twitterte 2017 in Abwandlung des Zitates von Max Frisch aus dem Jahr 1965 „(Wir riefen Arbeitskräfte, und es kamen Menschen"): „Wir riefen Gastarbeiter, bekamen aber Gesindel". Alexander Gauland, Fraktionsvorsitzender der AfD im Deutschen Bundestag und bis Ende 2019 Parteivorsitzender, sprach über die NS-Zeit vom als einem „Vogel-schiss in der deutschen Geschichte", Björn Höcke, Landes- und Fraktionsvorsitzender der AfD in Thüringen, sprach vom „Denkmal der Schande" und in seinen Umwälzungsphantafantasien von einer Wende 2.0 und von „wohltuender Grausamkeit", mit der die bestehenden Verhältnisse grundlegend transformiert werden sollen. Alice Weidel, Fraktionsvorsitzende der AfD im Deutschen Bundestag, sprach von „Kopftuchmädchen und anderen Taugenichtsen", von „Messermännern" und von „muslimischen, gruppenvergewaltigenden Männerhorden" (vgl. zur Sprache der AfD: Weinert 2018, Detering 2019, Stahl 2019).

Die AfD wendet sich mit einem konstruierten ethnischkulturell exklusiven Volk und einem aggressiven Nationalismus gegen Minderheiten, deren Herabwürdigung und Abwertung, Denunziation und Ausgrenzung zum Kernbestand ihrer Ideologie gehört. Propagiert, stimuliert und gebunden werden Gefühlswelten mit Wut und Verachtung, Abwertung und Ablehnung (Zick/Küpper 2015). Mit dem Topos der angeblichen „Deutschenfeindlichkeit" und Diskriminierung der Deutschen erzeugt sie (wie die neurechte Szene insgesamt) mit ihren Begriffen und Vorstellungen ein Feindbild vermeintlicher zivilisatorischer und kultureller Rückständigkeit, spricht den Gruppen und Ethnien eine spezifische Gewaltbereitschaft zu und legitimiert und fordert damit zur Abwehr auf.

Weiter zeigt die AfD ihr Doppelgesicht: Sie gibt immer wieder ein – nicht nur taktisches – Bekenntnis zur Demokratie und deren Institutionen ab; zugleich zeigen Teile und rechtsextreme Akteure des „Flügels" (die im Innern die Partei dominieren) die verdeckte und auch offene Verachtung von Menschenwürde, von wesentlichen Gehalten liberaler Demokratie und von Rechtsstaatlichkeit. Dies sind Hinweise und Indizien einer emotionalisierten Politik, die im Widerspruch zum Parteiprogramm anzeigen, dass sich die AfD – verbunden mit Übergängen und Grauzonen – von einer rechtspopulistischen hin zu einer rechtsradikalen und in Teilen -extremen Partei entwickelt.

1.4 Geschichte der AfD

Die AfD ist eine Partei von unterschiedlichen Akteursgruppen. Sie wurde im Jahr 2013 als Reaktion auf die Maßnahmen zur Bekämpfung der europäischen Währungskrise gegründet. Dies waren zunächst enttäuschte National-konservative und National-liberale (vielfach mit früherer Mitgliedschaft in anderen Parteien, insbesondere der CDU) sowie rechte Populisten. Dann kamen in der weiteren Entwicklung Extremisten (mit früherer Mitgliedschaft in Parteien und Gruppen des rechten/rechtsextremen Lagers), Wutbürger und autoritär und nationalistisch Gesinnte sowie Unzufriedene mit den gesellschaftlichen Eliten, der Demokratie und den politischen Entscheidungen v.a. in der Migrationspolitik und der Inneren Sicherheit (die zuvor politisch nicht organisiert waren und vielfach zu den Nichtwählern zählten) hinzu.

Die AfD errang im Herbst 2014 ihre ersten spektakulären Wahlerfolge; und innerhalb weniger Jahre ist sie zu einem außerparlamentarischen Akteur und zu einem parlamentarisch stabilen Faktor (und mit großen Fraktionen in Parlamenten) in der Bundesrepublik Deutschland geworden. In der kurzen Parteigeschichte werden drei Phasen (Metamorphosen) unterschieden.

1. Die Gründungsmotive und -phase mit Bernd Lucke (sog. „Professorenpartei") und einer neoliberalen/liberal-konservativen Ausrichtung waren v.a. euroskeptisch und finanzpolitisch motiviert; und sie richteten sich vor dem Hintergrund der Finanz- und Eurokrise gegen die EU und den Euro, den EU-Rettungsschirm und das Rettungspaket für Griechenland. Reklamiert wurden die nationale Souveränität und die angeblichen Interessen des deutschen Steuerzahlers mit auch da schon – bei Abgrenzung gegenüber rechtsextremen Positionen – durchaus nationalistischen und populistischen Tönen und Themen (insbesondere Migration und Zuwanderung).

2. Dann folgte mit der Wahl der „rechtspopulistischen Oppor-
   tunistin" (Weiß 2017, S. 91) Frauke Petry als neuer Co-Vorsitzenden eine Zäsur; sie verfolgte einen eher gemäßigt-
   moderaten, nationalliberalen Kurs. Das Jahr 2015 – das Jahr
   der sogenannten Flüchtlingskrise – war dann mit einem innerparteilichen Machtkampf und einem Rechtsruck sowie
   einer Radikalisierung der Partei und dem verstärkten Auftreten der ostdeutschen Landesverbände und des völkisch-
   nationalen „Flügels" mit Björn Höcke verbunden (vgl.
   Häusler/Roeser 2015, Bebnowski 2015, Häusler 2016, Bender 2017).

3. Schließlich legte Petry im Prozess der weiteren Richtungs-
   und Führungskämpfe, im Spannungsfeld von Bewegungs-
   und Partei-/Parlamentsorientierung (Doppelcharakter „Bipolarität", Schroeder et al. 2017), der weiteren Radikalisierung, sich auflösender Abgrenzung und Vernetzung nach
   rechts (Stichworte: Pegida, Identitäre Bewegung) dann
   nach der Bundestagswahl 2017 ihre Ämter als Partei- und
   Fraktionsvorsitzende nieder. Alexander Gauland und Jörg
   Meuthen werden jetzt zu Vorsitzenden (und Alice Weidel
   neben Gauland zur Co-Fraktionsvorsitzenden im Bundestag) gewählt, und der völkisch-nationalistische „Flügel" mit
   seinen zentralen und machtbewussten Akteuren Björn Höcke (Thüringen) und Andreas Kalbitz (Brandenburg) verstärkt mit dem Ergebnis der Landtagswahlen in den östlichen Bundesländern seinen Einfluss im Spannungsfeld von
   rechtskonservativ, rechtspopulistisch und völkisch-rechts-
   extremen Positionen.
   Beim Bundesparteitag am 1. 12. 2019 in Braunschweig wird
   Meuthen erneut zum Bundessprecher gewählt und Tino
   Chruppala folgt Gauland (der Ehrenvorsitzender wurde).

Auf der wertebezogenen Agenda hat sich „eine anti-egalitäre,
minderheitskritische, ethno-nationalistische Agenda" herausge-

bildet, „die sich gegen Feminismus, kulturellen Pluralismus sowie universelle Menschen- und Grundrechte positioniert" (Schroeder/Weßels 2019, S.25.) Wolfgang Benz (2019) bilanziert die Entwicklung folgendermaßen: „die Partei (hat) sich weiter radikalisiert, ohne an politischer Kompetenz zu gewinnen" (S.175).

Die weitere Parteientwicklung und Richtung wird davon abhängen, wie die innerparteilichen Strömungen agieren, welche Strömungen und Kräfte dominieren und sich durchsetzen, welcher Abgrenzungskurs gefahren wird, wie Kompromisse aussehen und wie ob beide Seiten – national-konservative/national-liberale und völkisch-nationale – anerkennen, dass sie als Partei des „neurechten Aufbruchs" (Weiß 207, S.92), als Sammelbewegung und Bündnis von rechts „aufeinander angewiesen sind" (Schroeder/Weßels 2019, S.24).

1.5 Daten zur AfD

Die AfD hat eine Struktur, die – wie alle anderen Parteien auch – in Bundes-, Landes- und kommunale Gliederungen organisiert ist. Auf Bundesebene gibt es eine Doppelspitze, und die 2013 gegründete Junge Alternative (JA) – die wie auch der „Flügel" von den Verfassungsschutzbehörden seit 2019 als Verdachtsfall beobachtet wird – ist seit 2015 ihre satzungsgemäß zugehörige Jugendorganisation mit etwa 1.600 Mitgliedern (so die Selbstangabe). Die AfD hatte im Jahr ihrer Gründung 2013 knapp 18.000 Mitglieder, und Ende 2019 sind es etwa 34.000; damit hat sie eine eher schwache Mitgliederbasis, aber aufgrund ihrer finanziellen Ressourcen und ihres Personals einen entwickelten Parteiapparat.

Die größten Landesverbände sind Nordrhein-Westfalen, Baden-Württemberg und Bayern, in den Ost-Landesverbänden sind es Sachsen und Brandenburg. Die AfD ist eine männerdominierte Partei, der Frauenanteil liegt unter zwanzig 20 Prozent und unter den Abgeordneten finden sich z.T. nur vereinzelt Frauen (so im Hessischen Landtag). Wiederholt kommt es in

Parlamenten aus unterschiedlichen Gründen zu Austritten, Abspaltungen und auch Ausschlüssen aus Fraktionen. Die Gründung (Träger und Konzept) einer parteinahen staatsfinanzierten Stiftung – der Desiderius-Erasmus-Stiftung – ist noch nicht abgeschlossen; staatliche finanzielle Mittel bekommt sie (noch) nicht.

Aufgrund ihrer parlamentarischen Repräsentanz stehen der AfD erhebliche finanzielle Ressourcen zur Verfügung, neben Beiträgen und Spenden kommen diese v.a. aus Steuergeldern (der Wahlkampfkostenerstattung). Die Entwicklung zeigt Investitionen in einen professionellen Parteiapparat, die Infrastruktur und Öffentlichkeitsarbeit sowie in Beratungstätigkeit. „Nimmt man Bundestag, Landes- und Europaparlament, die kommunalen Einheiten sowie die apparativen eigenen Einheiten auf bundesstaatlicher und föderaler Ebene zusammen, kann die AfD durch ihren an die Parlamente gebundenen Mitarbeiter*innenstamm auf ein Netzwerk von nahezu 2.000 hauptamtlichen Mandatsträger*innen und Mitarbeiter*innen zurückgreifen" (Schroeder/Weßels 2019, S.31).

1.6 Merkmale der AfD

Die AfD ist der parteipolitische und parlamentarische Arm des rechten Lagers und wie der gesamte rechte Populismus und Extremismus von einem Merkmalsbündel geprägt. Der gesellschaftliche „Ruck nach rechts" hat unterschiedliche nationale Ausprägungen, dabei ist für ihn „Menschen- und Demokratiefeindlichkeit", „Abwertung und Ausgrenzung", „Zugehörigkeit und Nicht-Zugehörigkeit" die gemeinsame und bindende ideologische Klammer.

In der breit – und durchaus kontrovers – geführten wissenschaftlichen Diskussion zum Begriff und Phänomen, zu den Dimensionen und Merkmalen, die den rechten Populismus und die AfD in der Bundesrepublik (und darüber hinaus in vielen europäischen Ländern) ausmachen, werden die begrifflichen Differenzierungen und vielschichtigen Merkmale histo-

risch und zeitdiagnostisch, systematisch und differenziert dar-
legt (vgl. Priester 2007, 2012, Häusler 2016, Virchow et al.
2016, Jörke/Selk 2017, Müller 2017, Wildt 2017, Weiß 2017,
Stegemann 2017, Zielonka 2017, Friedrich 2019, Mudde/Kalt-
wasser 2019, Jesse et al. 2019, Buchberger/Mittnik 2019).

Mit dem Verweis auf die Literatur sollen hier einige wesentliche
Hinweise – im Sinne eines Kurzporträts – skizziert werden.

1. Der Populismusbegriff ist vielschichtig und dient als Ober-
   begriff für unterschiedliche Phänomene, und er ist zugleich ein Kampfbegriff, mit dem demokratische Politik
   und ihre Träger (Parteien, Institutionen, Verfahren) verachtet und verächtlich gemacht werden. Er wird als „dün-
   ne Ideologie" oder auch als neurechter „autoritärer Populismus", als „Kombination von starkem Staat und freiem
   Markt" (Weiß 2017, S. 242) markiert; dann mehr als Form
   und Stil (weniger als Inhalt und Programm) und unabhängig von inhaltlichen Ausrichtungen verstanden, weil er
   „immer eine Form der Identitätspolitik" sei (Müller 2017,
   S. 93). Andere Autor*innen (wie Manov 2018) verweisen
   gerade auf die Inhalte, die den rechten Populismus ausmachen und vom linken Populismus unterscheiden.[2]
2. Der Rechtspopulismus hat mehrere Dimensionen: eine or-
   ganisatorische (so in der Partei der AfD), er ist außerdem
   eine spezifische Kommunikationsstrategie, hat einen spe-
   zifischen Politikstil (Stichworte: Empörung und Erre-
   gung, Emotionalisierung, Skandalisierung und Polarisierung, Rhetorik, Protest und Provokation) und liefert eine
   ideologische Sichtweise auf Menschen mit Schnittflächen
   zum Rechtsextremismus (Ungleichwertigkeitsvorstellun-
   gen, Ethnopluralismus und kultureller Rassismus, Ablehnung universeller Menschen- und Grundrechte).
3. Die AfD füllt eine Repräsentationslücke aus, ist Teil einer
   autoritären Revolte von rechts gegen die westlich-liberale

Demokratie, gegen universelle Grund- und Menschenrechte (und Solidaritätsbeziehungen), gegen eine offene
und pluralistische Gesellschaft sowie kulturellen Pluralismus. Sie ist mit ihren „Identitätsangeboten" ethno-natio-
nalistisch, anti-egalitär, anti-individualistisch, antifemi-
nistisch und reklamiert – gegen Minderheiten – die angeblich kollektiven Interessen der deutschen Mehrheitsgesellschaft und ihrer Kultur.

4. Sie proklamiert und vertritt einen angeblich „wahren und
   einheitlichen Willen", die Interessen eines „homogenen
   Volkes", verbunden mit Grenzziehungen nach „außen" und
   „innen" sowie der Abwehr von Einwanderung und Integration („kultureller Überfremdung").

5. Die politischen Deutungsfiguren und Konfliktlinien für
   die Gesellschaft markieren „innere" und „äußere" Feinde
   mit den Dichotomisierungen: „wir" (das Volk, die Mehrheit) gegen „die Anderen" (Fremden), „wir" gegen „oben,
   die Eliten" (in Politik, Gesellschaft, Medien, Kultur). Die
   Selbstaufwertung der eigenen Gruppe („der Deutschen")
   geht einher mit einer Abwertung von Minderheiten und
   dem Kampf gegen das „System" bzw. die „Altparteien".
   Auf die Klassifizierungen von Menschen, das Elend des
   ideologischen Freund-Feind-Denkens und die Unterord-
   nung des Individuums unter ein (autoritäres, totalitäres)
   Kollektiv sowie den damit verbundenen Nationalismus als
   kollektive pathologische Imagination mit absolutem Gel-
   tungsanspruch hat – mit historischem Blick und Verweisen – schon Orwell (1945/2020) hingewiesen.[3]

6. Zu den Kernthemen der AfD gehören Islam, Zuwande-
   rung/Migration, Integration, Innere Sicherheit und Kriminalität, Geschlechterordnung/Gender, Kultur, Lebensformen, sexuelle Orientierungen; dann auch Themenbereiche und Politikfelder wie Bildung, Umwelt und Natur,
   Soziales.

7. Mit einer fundamentaloppositionellen Politik zielt sie mit

ihrer Demokratie- und Elitenkritik auf ein anderes, autoritär formiertes und illiberales Modell von Demokratie und Gesellschaft und eine kulturell homogen gedachte Vergemeinschaftung und Nation. Zusammengedacht werden autoritärer Staat, Neoliberalismus und völkischer Antikapitalismus (vgl. Becker et al. 2019).

8. Soziale Ungleichheit mit ihren ökonomischen Verteilungskonflikten wird – als zentrales Merkmal der Sozialstruktur – kulturalisiert und als Kultur- und Elitenkonflikte gedeutet. Weiter werden soziale Verhältnisse essentialisiert und mit merkmalbezogenen körperlichen oder kulturellen Zuschreibungen und Stereotypen versehen (Rasse, Ethnie, Geschlecht).

9. Populismus und Verschwörungstheorien haben viele strukturelle Gemeinsamkeiten. Beide vereinfachen das politische Feld, indem sie es aufteilen in „Volk" und „Elite", in Opfer der Verschwörung und Verschwörer, die nicht nur abgehoben und korrupt, sondern Teil eines konstruierten Komplotts sind. Mit Moralpaniken, Untergangs- und Verschwörungstheorien („dunkle Mächte", „angeblich im Geheimen operierenden Gruppen", „perfidern Gesamtplan") werden Bilder des nationalen und kulturellen Verfalls beschworen, Umvolkungsfantasien angeboten und es wird zum Widerstand aufgerufen – die AfD inszeniert sich als „Retter des Vater- und Abendlandes".

10. Mit einem provozierenden Rhetorikmuster und einer renationalisierenden Erzählstrategie (als wesentliches Narrativ) verroht die Sprache, werden Begriffe eingeführt, Grenzen überschritten, Tabus gebrochen, die zur Delegitimierung von Demokratie, demokratischen Werten und humanistischen Vorstellungen beitragen sollen.

11. Aufgenommen und produziert, mobilisiert und organisiert werden Verunsicherung, Unbehagen und Unzufriedenheiten, Ressentiments und (auch tief verwurzelte) Mentalitäten sowie Ängste in Teilen der Bevölkerung. Diese Ge-

fühlswelten werden mit nationalisierend-vereinfachenden Deutungen von komplexen Herausforderungen und Problemen sowie mit einfachen (komplexitätsreduzierenden) Antworten und Lösungen versehen.

12. Mit Blick in die östlichen Bundesländer werden Verwerfungen des Transformationsprozesses und Einschnitte in Lebenswirklichkeiten, Wendeerfahrungen und biografische Umbrüche, Gefühle der Entwertung von Lebensleistungen und Deprivation von der AfD aufgenommen und re-nationalisierend (Selbstaufwertung, „Deutscher zu sein") gedeutet, die Bürger*innen als Opfer der „Berliner Politik" oder als „Helden der Revolution" stilisiert. Die AfD propagiert eine Wende 2.0. und macht ein Angebot an alle, die gegen „das System" und „die Elite" sind. Sie macht sich zum Sprachrohr all jener, die sich fremd fühlen im vereinten Deutschland – ebenso fremd wie die Partei selbst. Hinzuweisen ist auch auf die Kontinuitäten von „rechten Phänomenen" und die mentalen Prägungen in der angeblich antifaschistischen (autoritär formierten) DDR (vgl. Waibel 2017).[5]

Die skizzierten Merkmale sind Bestandteil und Instrumente im Kampf um Deutungen der Wirklichkeit und – in der Tradition des propagierten „Kulturkampfes" – um kulturelle Hegemonie auf dem Weg zu politischen Machtoptionen. Dabei kommt Weiß (2017) mit zeithistorischem Blick in die Geschichte der äußersten und neuen Rechten zu dem Ergebnis: „Am Ende der archäologischen Arbeiten bleibt die Erkenntnis, dass sich die Gestalt der Rechten in Deutschland (und Europa) mit der Zeit gewandelt haben mag, sie in ihren Kernelementen aber unverändert bleibt. Das Beharren auf die unlösbaren Bindungen des Einzelnen an seine Ethnie und die daraus naturhaft resultierende Kulturform sowie auf die damit verknüpfte Gesetzmäßigkeit gesellschaftlicher Ungleichheit bleibt von diesem Wandel jeweils unbeeinträchtigt" (S. 12 f.).[6]

1.7 Sozialstruktur der AfD in Parlamenten

Mit Blick auf die sozialstatistischen Daten der Parlamentsabgeordneten und AfD-Kandidat*innen im Europaparlament, im Bundestag, in den Landtagen und den kommunalen Parlamenten/Vertretungen ergibt sich ein Bild, das zusammenfassend folgende Merkmale aufweist:

1. Die AfD ist, wenngleich mit Alice Weidel und Beatrix von Storch im Bundesvorstand ein anderer Eindruck entsteht, insgesamt eine deutlich männerdominierte Partei.
2. Die AfD ist alles andere als eine junge Partei; junge Menschen unter 40 Jahren sind stark unterrepräsentiert.
3. Die soziale Zusammensetzung der AfD-Abgeordneten ist heterogen und reicht von Professor*innen bis hin zu Erwerbslosen. Während die Wähler*innen v.a. aus den „unteren Mittelschichten" kommen, haben die Kandidat*innen ihre Herkunft aus Schichten und Berufsgruppen der „bürgerlichen Mitte". Häufig vertreten sind Personen aus selbstständigen Berufsgruppen und Rentner*innen, dann aus Sicherheitsberufen und mit akademischem Hintergrund.
4. Bei einem Großteil der Abgeordneten handelt es sich um „Neulinge" auf dem parlamentarischen Parkett; nur wenige AfD-Parlamentarier*innen können auf Erfahrungen im politischen Feld zurückgreifen.

Europaparlament

Unter den elf AfD-Abgeordneten im Europaparlament befinden sich zwei Frauen. Der Altersdurchschnitt liegt bei 47 Jahren, wobei der jüngste Abgeordnete 36 Jahre und der älteste Abgeordnete 63 Jahre alt ist. Neben Jörg Meuthen haben vier weitere Fraktionsmitglieder promoviert. Vier der Abgeordneten haben einen juristischen Hintergrund: Es gibt einen Rechtsanwalt, einen Juristen und Journalisten – ehemals in leitender Funktion bei der Bild-Zeitung –, einen Juristen und Rechtsphilosophen sowie einen Rechtspfleger. Ein Abgeordneter arbeitete vor der

Tätigkeit im EU-Parlament als selbstständiger PR-Berater, einer als Bergmann, einer als Politiker und einer als ehemaliger Oberstleutnant bei der Bundeswehr, als Angestellter der Deutschen Botschaft in unterschiedlichen Ländern und als Sicherheitsberater. Eine Frau ist Biologin und Veterinärmedizinerin und die andere studierte Ökonomin/Juristin und – so die Selbstangabe – Hausfrau (Stand: Januar 2020).

Bundestag

Bei den formalen Charakteristika der Kandidat*innen der AfD zu den Bundestagswahlen 2013 und 2017 ergibt sich folgendes Bild: Mit einem Männeranteil von über 85 Prozent ist die AfD im Vergleich zu anderen Parteien, die im Mittel einen Männeranteil von 67 Prozent vorweisen, eine männerdominierte Partei. Auch hinsichtlich des Alters gibt es Differenzen zu den anderen parlamentarischen Akteursgruppen. „Bei den Altersklassen der 18 bis 29 und der 30 bis 44 Jahre alten Personen liegt die AfD-Kandidat*innenschaft jeweils bei fünf Prozentpunkten bzw. mehr als sieben Prozentpunkten unter den Anteilen der Kandidat*innenschaften der anderen Parteien und dementsprechend bei den beiden Altersgruppen der 45- bis 59- und der über 60-Jährigen mit jeweils mindestens sechs Prozentpunkten deutlich über dem Altersdurchschnitt" (Schroeder/Weßels 2019, S. 158; vgl. Giebler et al. 2014).

Bei den schulischen und beruflichen Abschlüssen ergibt sich für die AfD-Kandidat*innen folgendes Bild: Ähnlich wie bei den anderen Parteien sind die häufigsten Schulabschlüsse Abitur bzw. erweiterte Hochschulreife. Im Wahljahr 2013 besaß die AfD im Vergleich mit anderen Parteien mit 49 Prozent etwa sechs Prozent häufiger Personen mit Hochschulabschluss und mit 17 Prozent etwa drei Prozentpunkte häufiger Promovierte (GLES-Kandidatenstudie 2013 – Weßels/Giebler/Lichtblau et al. 2014). Bei der Bundestagswahl 2017 änderte sich das Bild dahingehend, dass der Anteil der Promovierten bei den anderen Parteien stabil geblieben ist, während die AfD acht Prozentpunkte unter diesem Durchschnitt lag (GLES Kandidatenstudie 2017 – Weßels/Roßteutscher/Schmitt-Beck et al. 2018). Markant ist der vergleichsweise hohe Anteil an Selbstständigen (29 Prozent) und von Rentner*innen (13 Prozent) unter den AfD-Kandidat*innen (Schroeder/Weßels 2019). Demnach hat die einstige sogenannte „Professoren-Partei" nicht nur inhaltlich, sondern auch sozialstatistisch einen Wandel vollzogen (Schroeder/Weßels 2019, S.159 f.).

Landtage

Aus der Untersuchung von Schroeder et al. (2017) zu den Profilen der AfD-Landtagsabgeordneten geht hervor, dass der Männeranteil der AfD-Abgeordneten mit 85,6 Prozent im Durchschnitt fast 20 Prozentpunkte über den Durchschnittswerten der anderen Fraktionen liegt. Ausdifferenziert ergibt sich für die Landesparlamente folgendes Bild:

Anteil von Männern in Landesparlamenten (in Prozent)		
Bundesland	**AfD-Fraktion**	**Durchschnittswert Landtag** (Stand August 2013)
Baden-Württemberg	87,0	81,9
Berlin	88,0	66,4
Brandenburg	81,8	60,2
Bremen	100,0	59,0
Hamburg	87,5	61,2
Mecklenburg-Vorpommern	94,4	71,8
Rheinland-Pfalz	78,6	60,5
Sachsen	64,3	69,7
Sachsen-Anhalt	92,0	67,6
Thüringen	81,8	61,4
Ost	85,6	66,3
West	85,7	67,1
Durchschnitt	**85,6**	**66,6**

Quelle: Schroeder/Weßels et al. 2017

Bei der Altersstruktur und bei den Bildungsabschlüssen zeigt sich gegenüber den anderen Parteien eine geringe Abweichung. Wenngleich eher junge Politiker*innen selten sind, liegt das Durchschnittsalter der AfD-Landesparlamentarier*innen bei 49,7 Jahren. Durchschnittlich 66 Prozent besitzen einen ersten Studienabschluss. Weiter sind unter den AfD-Abgeordneten in den Landtagen im Vergleich bemerkenswert viele Selbstständige und Vertreter freier Berufsgruppen. Eine geringere Rolle spielt – anders als in den anderen Fraktionen – die Berufsgruppe der Angestellten aus dem öffentlichen Dienst. Wenige AfD-Politiker*innen waren vor ihrem Einzug in die Landesparlamente in einem politiknahen Berufsfeld tätig.

Kommunale Parlamente

Auch in den kommunalen Parlamenten ist die AfD – da, wo sie kandidiert hat – vertreten. Insgesamt können die kommunalen Kandidat*innen nach zwei Typen unterschieden werden: Die einen sammelten bereits vor ihrer AfD-Karriere Politik- und Parlamentserfahrung, etwa in der CDU, in Freien Wählergruppen/ auf Bürgerlisten, bei den Republikanern, der FDP oder vereinzelt auch der SPD. Die anderen besitzen keine parlamentarische oder parteipolitische Vorerfahrung, waren bisher im kommunalpolitischen Leben Unbekannte und partizipieren erstmals öffentlich an politischen Diskursen (vgl. Gorskih/Hanneforth/ Nattke 2016, Hafeneger 2019).

Exemplarisch am Beispiel der Listen zur Hessischen Kommunalwahl am 6.3.2016 zeigt sich bezüglich der Sozialstruktur der kommunalen Kandidat*innen folgendes Bild: Vorrangig kandidierten Männer im Alter zwischen 50 und 70 Jahren aus den unterschiedlichsten sozialen Gruppen der breiten Mittelschicht und bürgerlichen Berufen. Vertreten waren v.a. Akademiker*innen und Diplom-Ingenieure, Selbstständige, Handwerker, Kaufleute, Polizisten und Rentner. Auf allen Listen gab es mehrere Frauen und in vier Landkreisen waren Frauen auf dem ersten Listenplatz.

Auch bekannte Persönlichkeiten kandidierten vereinzelt, wie ein ehemaliger CDU-Bürgermeister (Landkreis Marburg-Biedenkopf), ein ehemaliger CDU-Stadtrat aus Frankfurt/M. oder ein ehemaliger CDU-Bundestagsabgeordneter (Landkreis Fulda), der aus der Partei ausgeschlossen wurde (vgl. Hafeneger 2019).

Bei einer Untersuchung zur kommunalen Praxis der AfD in Sachsen werden die Abgeordneten teils dem gemäßigten Flügel der Partei (Görlitz, Mittelsachsen) und teils deutlich dem rechts bis rechtsextremen Flügel (Freital, Dresden) zugeordnet. Werte wie Patriotismus und Heimat werden mal in gemäßigter und mal in aggressiv rassistischer Diktion vertreten. Einige der AfD-Abgeordneten bekannten sich in der Vergangenheit zur nationalchauvinistischen Demonstrationsbewegung Pegida in Dresden und sind eingebunden in verschwörungstheoretische, rechte, rechtsextreme und/oder neurechte Medien, u.a. die Zeitschriften Junge Freiheit, Netzplanet oder Blaue Narzisse (vgl. Gorskih/Hanneforth/Nattke 2016).

1.8 Wähler*innen der AfD

Das Wahlverhalten ist immer ein Indikator für die Affekte und Werte, von denen die soziale Welt durchdrungen ist. Es zeigt die Unzufriedenheiten und Stimmungen, Sorgen und Ängste, die nachlassende Bindung an das politische System und fehlende Repräsentanz in den demokratischen Parteien in Teilen der Bevölkerung. In demokratischen Gesellschaften sind Repräsentationslücken (und Repräsentationsgefühle) ein zentraler Grund für die Herausbildung von Populismus (Kaltwasser et al. 2019). Weiter sind „Politikverdrossenheit" und Unzufriedenheit mit dem politischen System und der aktuellen Regierung entscheidende Faktoren, die zum rechtspopulistischen/-extremen Wahlverhalten mobilisieren (Klein et al. 2018).

Zu den Wahlmotiven gibt es vielschichtige Hinweise, die sich um gesellschaftliche Modernisierungs- und Globalisierungsfolgen mit ihren sozioökonomischen und/oder soziokulturellen Konfliktlinien und Spaltungen (soziale und kulturelle Ungleichheit und Prekarisierung) zentrieren. Weiter wird auf bedrohte Lebenswelten und Kontrollverluste, fehlendes Vertrauen in die politischen Parteien und deren Akteure, auf diffuse soziale Abstiegs- und kulturelle Bedrohungsängste sowie Ängste vor transnationaler Migration (und Fremden), auf Probleme der Vereinigungskrise sowie biografische Brüche am Anfang der 1990er-Jahre hingewiesen. Bei der „Frage nach den beiden wichtigsten politischen Problemen in Deutschland für AfD-Wähler, ist die kombinierte Artikulation von Sorgen über Migration und soziale Gerechtigkeit die mit weitem Abstand häufigste Antwort" (Manow 2018, S. 101 f.).

Die AfD profitiert von Wähler*innenwanderungen v. a. der Unionsparteien, aber auch in geringerem Maß von der SPD und den anderen Parteien; und v. a. aber ist es ihr gelungen, bisherige Nichtwähler*innen aus unterschiedlichen sozialen Milieus zu mobilisieren (Vehrkamp/Wegschaider 2017). Aspekte wie mentale Tradierungen – d. h. die Weitergabe politischer Überzeugungen durch die Generationen spielen ebenso eine Rolle wie die Wahrnehmung, zurückgesetzt, abgehängt und nicht anerkannt zu sein. Damit verbunden ist auch der Hinweis, das AfD-Wähler*innen eher von einer Gefühlswelt der Unzufriedenheit geprägt sind und ein signifikant pessimistischer geprägtes Weltbild als die Wähler*innen von anderen Parteien haben. [7]

Vier „Ms"

Die empirischen Wahl- und Strukturdaten zur Bundestagswahl im Jahr 2017 und den Landtagswahlen in den letzten Jahren verweisen auf zahlreiche und differenzierte Faktoren und geben interessante Hinweise über die Wähler*innen der AfD. Sie zeigen ein paar ausgewählte Daten, u. a., dass es den/die typische AfD-Wähler*in nicht gibt, sondern die Partei quer durch alle sozialen Schichten und Milieus, alle Altersgruppen, von Männern und Frauen, im Osten wie im Westen gewählt wurde. Es gibt ein vielschichtiges Bild der Wähler*innen und zugleich einige typische Merkmale, die zeigen, wer und wo v. a. und überproportional AfD gewählt hat. Da sind zunächst die vier „Ms": männlich, mittlere Einkommen, mittlere Bildungsabschlüsse und mittlere Altersgruppen. Die Affinität männlicher Wähler zu den Politik- und Lebensweltangeboten ist ein schon über mehrere Jahre beobachtbares Phänomen, das sich in vielen europäischen Ländern und auch den USA wiederfindet.

Östliche Bundesländer

Zur AfD-Wählerschaft zählen nicht nur die prekär Beschäftigten, Abgehängten und Globalisierungs- und Modernisierungsverlierer, sondern Wahlerfolge der AfD gibt es auch in Wohlstandsregionen bei regulär beschäftigten und nicht benachteiligten Arbeitsmarktgruppen (Manow 2018, S. 79 ff.). Für Ostdeutschland wird ein positiver Zusammenhang zu einer niedrigen Arbeitslosenquote und einem hohen Pro-Kopf-Haushaltseinkommen festgestellt; für Westdeutschland gibt es einen Zusammenhang zwischen einem unterdurchschnittlichen Haushaltseinkommen und einem überdurchschnittlichen AfD-Wahlergebnis (Grözinger 2017, Richter/Bösch 2017, Franz et al. 2018).

Die AfD ist in den neuen Bundesländern erfolgreicher als in den alten, dies ist u. a. verbunden mit biografischen Erfahrungen des sozialen Abstiegs und „tiefgreifenden Verwerfungen auf dem Arbeitsmarkt" (Manow 2018, S. 89). Manow spricht von „ökonomischen Determinanten", einem „Syndrom des Unmuts" aus „Sorgen über Migration und soziale Gerechtigkeit" (ebd., S. 101) bei der Stimmabgabe für die AfD bei der Bundestagswahl 2017. Für Ostdeutschland wird auch festgestellt, dass es einen Zusammenhang zwischen einem geringen Anteil an Ausländer*innen und einem hohen AfD-Wahlverhalten gibt (Grözinger 2017); ebenso wird auf einen positiven Zusammenhang zwischen einer überdurchschnittlichen Dichte an Handwerksunternehmen, der Ländlichkeit einer Region und einem hohen Wahlergebnis der AfD hingewiesen (Franz et al. 2018).

Arbeiterpartei

Zieht man Indikatoren wie die Zugehörigkeit zu sozialen Milieus hinzu, ergibt sich das Bild einer sich verfestigenden männlichen Wählerschaft der AfD, die quer durch alle Milieus verläuft – jedoch einen deutlichen Schwerpunkt bei den Arbeitern hat. Zahlreiche regionale Daten zeigen, dass die AfD zur neuen „Arbeiterpartei" geworden ist; so wählten 41 Prozent der Arbeiter und 41 Prozent der Arbeitslosen in Sachsen bei der letzten Landtagswahl die AfD. Nach der Forschungsgruppe Wahlen haben bei der letzten Bundestagswahl – hier erhielt die AfD im Bundesdurchschnitt 12,6 Prozent – „15 Prozent der Gewerkschaftsmitglieder AfD gewählt. Im Osten liegen AfD und Linke unter Gewerkschaftsmitgliedern mit jeweils 22 Prozent sogar gleichauf und rangieren damit vier Prozent vor der SPD" (ebd., S. 97 f.). Bei der Bundestagswahl 2017 haben 19 Prozent der Arbeitnehmer und 15 Prozent der Gewerkschaftsmitglieder AfD gewählt, das waren überdurchschnittliche Werte bei einem Gesamtergebnis von 12,6 Prozent.

Für die letzten Wahlen kann die AfD mit einem hohen Wähler*innenanteil an Arbeiter*innen und Arbeitslosen „durchaus als Partei der Modernisierungsverlierer*innen (v. a. gering gebildete und gering verdienende Männer, d. Verf.) bezeichnet werden" (Schroeder/Weßels 2019, S. 58). Bei allen Differenzierungen der Landtagswahlen ist der durchschnittliche AfD-Wähler „mittlerweile männlich und mittleren Alters, verfügt über ein geringes Einkommen, geringe bis mittlere Bildung sowie über einen geringen beruflichen Status" (Schroeder/Weßels 2019, S. 65).

Erst- und Jungwähler*innen

Blickt man auf das Wahlverhalten der Erst- und Jungwähler*innen – der 18- bis 24-Jährigen –, dann zeigt sich in den letzten

Jahren ein differenziertes Bild; und bei allen Wahlen – außer den letzten Landtagswahlen in Thüringen – erhielt die AfD hier unterdurchschnittlich viele Stimmen. So gab es bei der Landtagswahl in Sachsen und Brandenburg am 1. September 2019 folgende Stimmenanteile für die AfD in dieser Altersgruppe: Sachsen 21 Prozent (bei insgesamt 27,5 Prozent), Brandenburg 18 Prozent (bei insgesamt 23,5 Prozent). Bei der Europawahl im Mai 2019 waren es fünf Prozent (bei insgesamt 11,0 Prozent), bei der Landtagswahl in Hessen im Oktober 2018 waren es zehn Prozent (bei insgesamt 13,1 Prozent), bei der Bundestagswahl 2017 waren es zehn Prozent (bei insgesamt 12,6 Prozent), bei der Landtagswahl 2017 in Niedersachsen waren es fünf Prozent (bei insgesamt 6,2 Prozent), bei der Landtagswahl 2016 im Saarland waren es sechs Prozent (bei insgesamt 6,2 Prozent), bei den Landtagswahlen im September 2016 waren es in Mecklenburg-Vorpommern 15 Prozent (bei insgesamt 21 Prozent) und in Berlin waren es acht Prozent (bei insgesamt 14,2 Prozent).

Bemerkenswert ist das Ergebnis bei der Landtagswahl am 20. Oktober 2019 in Thüringen: Hier wurde bei einem Gesamtergebnis von 23,4 Prozent die AfD bei den 18- bis 24-Jährigen von 23 Prozent gewählt; auch bei den unter 30-Jährigen wurde sie mit 24 Prozent stärkste Kraft. Erkennbar wurden deutliche Geschlechtsunterschiede. Die Jungwählerschaft ist deutlich männlich geprägt; während 30 Prozent der jungen Männer sich für die AfD entschieden, waren es bei den jungen Frauen mit 14 Prozent weniger als die Hälfte.

Landkarten

Die Landkarten zeigen, dass die Hochburgen – nicht nur, aber v. a. – in strukturschwachen Regionen und da sind, wo sich Ungleichheit konkret niederschlägt und erfahren wird: wenn die Arbeitslosigkeit hoch ist, Unternehmen abwandern, Geschäfte schließen, öffentliche Infrastruktur (wie Bahnstrecken oder Busanbindungen) fehlen oder aufgegeben werden, Arztpraxen und Geschäfte schließen, Gaststätten und Jugendzentren als Treffgelegenheiten nicht mehr vorhanden sind, die junge Generation abwandert – Orte und Regionen zu „Zonen der Depopulation" (Le Bras) werden (vgl. Richter/Bösch 2017). Aber auch in abgehängten Stadtteilen und in „Speckgürteln" mit überwiegend mittelständischen Schichten, mit hohen Durchschnittseinkommen und guten Arbeitsmarktzahlen gibt es z. T. überdurchschnittliche Wahlergebnisse für die AfD.

Mit Blick auf soziodemografische Merkmale, Regionen und sozialräumliche Strukturen gilt: In eher ländlichen, strukturschwachen und bevölkerungsarmen Gemeinden/Regionen (umfassende Peripherisierung) Ostdeutschlands mit einem erhöhten Anteil mittlerer und älterer Altersgruppen ist das Wahlergebnis der AfD deutlich höher als in urbanen (nicht-ländlichen) Gegenden; in Westdeutschland sind dies eher bevölkerungsreiche urbane Gemeinden und Stadtteile mit jüngeren Alterskohorten (periphere oder zentrale Peripherie) (Richter/Bösch 2017). So wird denn auch konstatiert, dass ostdeutsche AfD-Hochburgen „in eher bevölkerungsarmen Gemeinden des ländlichen Raums mit einem erhöhten Anteil mittlerer Altersgruppen, wohingegen westdeutsche AfD-Hochburgen bevölkerungsreiche urbanisierte Gemeinden mit deutlich jüngerer Altersstruktur waren" (Schroeder/Weßels 2019, S. 263). Bei der Bundestagswahl 2017 sind in einer „Geographie der Abstiegsgesellschaft" nach Falkner und Kahrs (2018) gesellschaftliche Biotope entstanden, die sie als ein „Mikroklima" beschreiben, das zum Erstarken der AfD beigetragen hat; es sind „Regionen, soziale Nahräume, die nicht zu den dynamischen Zentren und Vorreitern der Modernisierung zu zählen sind" (S. 40).

In der Frage, ob und inwieweit AfD-Wähler*innen aus Protest- oder Gesinnungs-/Überzeugungsmotiven diese Partei wählen, zeigt sich v. a. bei den Landtagswahlen und hier den hohen Wahlergebnissen v. a. in den ostdeutschen Bundesländern, dass diese sich nicht mehr nur oder überwiegend auf eine anlassbezogene Mobilisierung von Protest- und Nichtwählern zurückführen lassen, sondern für das Wahlverhalten generell gilt: „Die AfD war und ist eine breite Projektionsfläche für Unzufriedenheiten unterschiedlichster Art" (Schroeder/Weßels 2019, S. 20), und sie hat sich als „ein Sammelbecken unterschiedlicher politischer Milieus und Wählerschichten etabliert" (Frei et al. 2019, S. 198).

Die letzten drei Landtagswahlen im Jahr 2019 in Brandenburg, Sachsen und Thüringen zeigen, dass sich die AfD mit ihren hohen Gewinnen gegenüber der vorherigen Landtagswahl und einem Ergebnis – wie die folgenden Abbildungen zeigen – über 20 Prozent in den östlichen Bundesländern zu einer „kleinen Volkspartei" entwickelt hat. Sie ist in allen drei Landtagen stärkste Oppositionspartei.

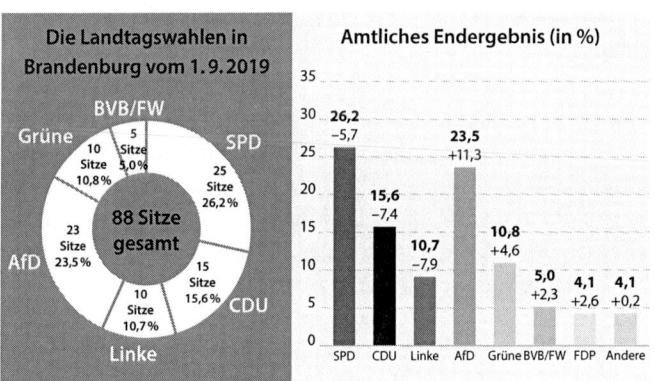

Wahlbeteiligung: 2014: 47,9 Prozent; 2019: 61,3 Prozent
Quelle: Landeswahlleiter. Grafik: Eigene Abbildung

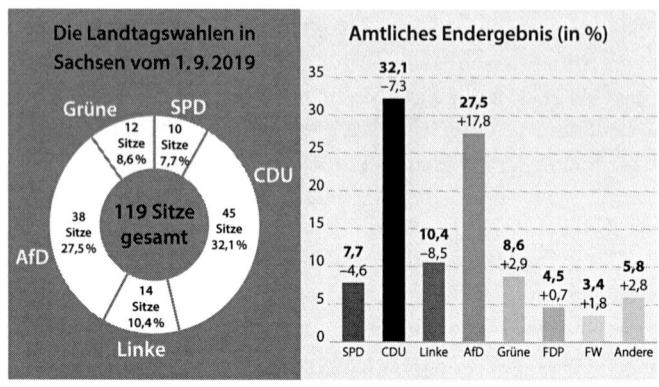

Die Landtagswahlen in Sachsen vom 1.9.2019

Grüne: 12 Sitze 8,6%
SPD: 10 Sitze 7,7%
CDU: 45 Sitze 32,1%
Linke: 14 Sitze 10,4%
AfD: 38 Sitze 27,5%

119 Sitze gesamt

Amtliches Endergebnis (in %)

Partei	Ergebnis	Veränderung
SPD	7,7	−4,6
CDU	32,1	−7,3
Linke	10,4	−8,5
AfD	27,5	+17,8
Grüne	8,6	+2,9
FDP	4,5	+0,7
FW	3,4	+1,8
Andere	5,8	+2,8

Wahlbeteiligung: 2014: 49,1 Prozent; 2019: 66,5 Prozent
Quelle: Landeswahlleiter. Grafik: Eigene Abbildung

Die Studie von Richter (2019) zur Landtagswahl am 27. Oktober 2019 in Thüringen zeigt exemplarisch die regionalen Merkmale für den Erfolg der AfD: Es sind v. a. schrumpfende, strukturschwache und belastete, vom demografischen Wandel betroffene Kommunen und Regionen, in denen es materielle – finanzielle und soziale – Rückschritte und Abstiegsängste sowie das Gefühl gibt, abgehängt worden zu sein. Danach wohnt der typische AfD-Wähler in einer eher schrumpfenden Landgemeinde; er ist männlich, berufstätig und war vorher Nichtwähler oder hat NPD gewählt. Es sind nicht primär wirtschaftliche Strukturmerkmale und nicht die abgehängten Modernisierungsverlierer, die das Wahlverhalten signifikant beeinflusst haben, sondern ein „politisches Raumklima" (S. 7 ff.), das mit Politikverdrossenheit, politischen Orientierungen in Teilen der Bevölkerung sowie einer Normalisierung im rechten Wahlverhalten und der AfD als Partei verbunden ist. Weiter belegt die Studie erneut, dass es weniger Frauen und ältere Bürger*innen sind, die AfD gewählt haben, und dass der Anteil nichtdeutscher Einwohner keine Rolle in den Wahlmotiven spielt.

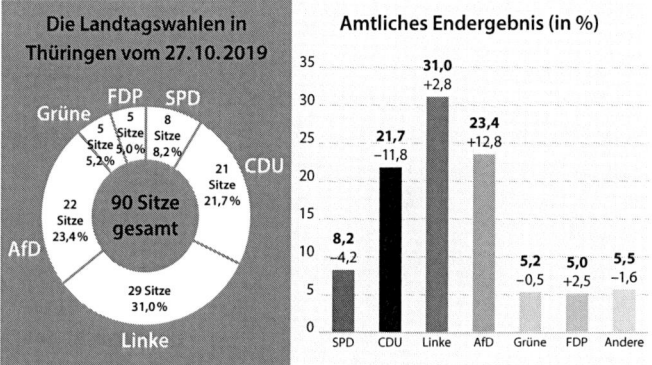

Wahlbeteiligung: 2014: 52,7 Prozent; 2019: 64,9 Prozent
Quelle: Landeswahlleiter. Grafik: Eigene Abbildung

Diese Hinweise sind für die weitere Forschung mit den beiden Fragen von Bedeutung: Dominieren Motive von Protest- oder von Gesinnungswahl das Wahlverhalten und welche Verschiebungen haben hier mit den letzten Wahlen stattgefunden? Hat sich die Bindung an die AfD vor dem Hintergrund politikverdrossener, ethnozentrischer und traditionalistischer Bevölkerungsgruppen mittlerweile verfestigt?[8]

1.9 AfD und Wissenschaft
Die AfD-Fraktion im Hessischen Landtag hat Ende des Jahres 2019 im Rahmen einer Pressekonferenz – in Anwesenheit des Bundesvorsitzenden Jörg Meuthen, des Landes- und Fraktionsvorsitzenden Robert Lambrou und des Parlamentarischen Geschäftsführers der Landtagsfraktion Frank Grobe (er ist Verfasser) – eine „Studie" mit dem Titel „Wie es wirklich um Deutschland steht. Fakten statt Fake News" (2019) vorgelegt.

Suche nach Wahrheit
In der Demokratie geht es in einem ganz allgemeinen Sinne auch immer um die Wahrheit, um den öffentlichen Gebrauch

von Vernunft, den Austausch von gut begründeten Meinungen über strittige Fragen. Die politische Ethik der Demokratie beruht darauf, dass Menschen vernunftbegabte und erkenntnisfähige Wesen sind. In dieser Perspektive ist Demokratie ein kooperativer Gebrauch von Vernunft, von faktenbasierter Abwägung und zugleich eine kooperative Form der Wahrheitssuche. Das gilt dann auch für Versuche, den Zustand der Republik – durchaus kontrovers und akzentuiert – zu bilanzieren. Wenn an diese Stelle lediglich Wille, Meinung und Interesse treten, dann geht es nicht mehr um wahr oder unwahr, sondern um einen interessegeleiteten und durchschaubaren Deutungskampf (d. h. darum, wer und was sich am Ende durchsetzt).

Die Probleme beginnen mit der fehlenden Bereitschaft, nachweisbares (wissenschaftliches) Wissen und Expertise anzuerkennen, bzw. dieses zu leugnen. Die Ausdehnung, Relativierung und Negation – die für Meinungen und Einstellungen gelten – von Fakten (gesicherten Erkenntnissen) durch Glauben und „alternative Fakten" bedeutet für die Demokratie, dass es eine Haltung und ein Desinteresse und Nichtwissenwollen an dem gibt, was sich belegen und beweisen lässt. Fakten sind dann nicht mehr wichtig, sondern die effekthaschende Inszenierung von Fake News.

Ein Beispiel für diese Entwicklung ist die Beschreibung des Zustandes in Hessen und der Republik, der von der AfD inszeniert wird. Sie kann als durchschaubare und harmlose Täuschung bewertet werden, die keine politischen Auseinandersetzungen mit Wahrheiten sind, sondern sich eine eigene Wahrheit und Welt malt, „wie sie ihr gefällt" (F.A.Z. vom 19.11.2019). In den Konjunkturen des Postfaktischen ist die „Studie" ein Beispiel für das Einrichten in eigenen Wahrheitswelten, die eine untergehende und sich im desaströsen Zustand befindliche Republik malen soll.

„Studie"

Die 129 Seiten geben vor – so die AfD im Text und auf der Pressekonferenz –, eine „Studie" zu sein, es ist aber lediglich eine Sammlung von Tabellen und Statistiken, und die AfD spricht dann selbst von einer „Daten- und Faktensammlung". Aus unterschiedlichen Quellen – Ministerien und Behörden, Instituten und Stiftungen, parlamentarischen Anfragen und Meldungen aus Medien – wird mit Tabellen und Statistiken ein selektives Bild gemalt, ohne auf Kontexte einzugehen und differenzierende (widersprechende) Angaben einzubeziehen. Es ist keine (eigene oder in Auftrag gegebene) wissenschaftliche Arbeit, wie der Begriff „Studie" nahezulegen versucht, sondern lediglich eine Ansammlung von Materialien, mit denen die eigenen Wahrheitswelten bedient werden oder – aus Sicht der AfD gezeigt werden soll, – „wie die Realität in Deutschland wirklich aussieht".

Themenbereiche

Die Sammlung hat neun Kapitel mit den Themenbereichen: Arbeit, Gesundheit, Rente und Soziales, Ausländer und Demografie, Bildung, Digitalisierung und Infrastruktur, Energie und Umwelt, Finanzen und Steuern, Innere Sicherheit, Medien und Verteidigung.

Die Hinweise zu Migration und der sogenannten „Überfremdung" dominieren und werden als stete Warnung vorgeführt sowie mit allen angeblichen negativen Entwicklungen kombiniert. Es wird u.a. behauptet, dass sich – was nachweislich nicht zutrifft – „nur wenige Migranten in den Arbeitsmarkt integrieren können" oder „die Migration zu einem deutlichen Anstieg bei der Tuberkulose führt", und dass „seit Merkels Machtübernahme über 4 Mio. weitere Ausländer gekommen sind". Gefragt wird, ob dem „Staat Migrantenkinder mehr wert als deutsche Kinder sind" (S. 16). Weiter wird vor den jetzt schon „mindestens 7 Millionen Muslimen" (S. 32) in Deutschland gewarnt und behauptet, dass „in Hessen die Scharia bereits angekommen" sei und dass „es immer mehr Kinderehen gibt" (S. 33). Bald gebe es „in den Städten keine deutsche Mehrheitsgesellschaft mehr" (S. 34), angeblich werden „Deutsche in wenigen Jahrzehnten zur Minderheit" (S. 24) und 2018 sei in Berlin „Mohammed bereits der beliebteste Erstname" (S. 35).

Für die AfD liegen die Tatverdächtigen bei Straftaten mit nichtdeutscher Herkunft bei 35 Prozent und „Tatverdächtige bei Gruppenvergewaltigungen sind u. a. Ausländer" (S. 95). Weiter sind für die AfD die „Straftaten bei Flüchtlingen in fünf Jahren um 177 Prozent gestiegen" (S. 97) und begingen „Nichtdeutsche 2018 überproportional viele Verbrechen" (S. 99); außerdem gebe es „unter den Zuwanderern besonders viele tatverdächtige Mörder" (S. 98), auch bei „Mord und Vergewaltigung" (S. 100). Die Kosten der „Flüchtlingskrise" würden sich auf „900 Mrd. Euro belaufen".

Auch wenn einige Zahlen aus offiziellen Statistiken stimmen, so haben sie keinen Erkenntniswert, weil es bei einer zusammenhangslosen Aufzählung und fehlenden prozentualen Relationierungen zu anderen Daten lediglich um ein Bild geht, das mit einer kulturrassistischen Denkweise den bedrohlichen, gefährlichen und kriminellen Ausländer und Migranten malen soll.

Wirtschaftlich und sozial ist für die AfD die Lage – entgegen der wirklichen Entwicklung – düster, und die Menschen leben im Vergleich zu anderen europäischen Ländern in Armut. Das gilt nach der AfD für die Kinder, die Rente, das Nettovermögen und die Wohnungsnot, und daher „blicken die Deutschen pessimistisch in die Zukunft". Mit Blick auf Ergebnisse der Pisa-Studie ist die Rede vom „Niedergang der deutschen Schulausbildung" (S. 40) und wird für das dreigliedrige Schulsystem geworben, das vor „Gleichmacherei" schützt. Auch die angebliche „Vermassung der Hochschulen" würde „zum Niedergang der Qualität" führen; angeprangert werden die angeblich „500 Mio. Euro" und „250 Lehrstühle für Gender-Studies", deren „wissenschaftlicher Wert = Null" sei.

Es gibt in der „Studie" auch direkt nachweisbare inhaltliche Fehler und einige Angaben sind schlichtweg falsch, so z. B., dass unter den Flüchtlingen 80 Prozent Analphabeten seien, oder die zur Integration von Geflüchteten; hier belegt eine Studie des Instituts für Arbeitsmarkt- und Berufsforschung (IAB), dass jeder Zweite von ihnen fünf Jahre nach seiner Ankunft Arbeit gefunden hat. Danach gehen 68 Prozent der erwerbstätigen Flüchtlinge einer Arbeit in Voll- oder Teilzeit nach, 17 Prozent machen eine bezahlte Ausbildung, andere sind geringfügig beschäftigt oder machen ein Praktikum (F.A.Z. vom 5. 2. 2020). Auch die angegebene Zahl zu den „deutschen Opfern von Zuwanderern" im Jahr 2018 ist falsch; die AfD spricht von 102 Fällen von Mord und Totschlag, das Bundeskriminalamt von 61 Fällen.

Ein weiteres Thema ist der Klimawandel, den es nach der AfD „schon immer gab", und „ob der menschengemacht" ist, wird infrage gestellt. Behauptet wird gar, dass „CO_2 die Erde grüner macht – und die Bundesregierung will CO_2 senken"; weiter ist Windkraft für die AfD ein „Vogelkiller".

Diese und viele weitere angebliche „Fakten" sollen den katastrophalen Zustand der Republik belegen, für die – immer wieder personifiziert – die Kanzlerin verantwortlich gemacht wird, die „Deutschland in den Abgrund gestürzt hat" (S. 123). Bedient wird ein Erzählmuster, eine katastrophische Erzählung vom gesellschaftlichen Niedergang in einer Konjunktur des Postfaktischen, das mit dem Bild eines untergehenden Landes und einer „umvolkenden" Politik verbunden ist.

Anmerkungen

1 Zu den Phasen des rechten Populismus und Extremismus sowie den Konjunkturen rechter Mobilisierung in der Geschichte der Bundesrepublik und auch in der DDR vgl. Botsch (2012) und Frei et al. (2019). Mit dem Einzug der AfD 2017 in den Deutschen Bundestag sprechen Frei et al. von einer Zäsur.

2 Zum Begriff und Phänomen Rechtspopulismus vgl. Decker (2006), Priester 2007, 2012), Müller (2017), Jörke/Selk (2017), Hartleb (2018), Manow (2018), den Sammelband von Jesse/Mannewitz/Panreck (2019) und von Buchberger/Mittnik (2019). Hier finden sich begriffliche Klärungen und die interdisziplinäre Auseinandersetzung mit Merkmalen wie elitenfeindliche Anti-Parteien-Bewegungen, Verachtung der sogenannten „Altparteien", simplifizierte Diagnosen und Therapien, Sehnsucht nach einfachen Lösungen, die Präsentation als „wahre" Vertreter der Interessen des „Volkes", antipluralistische und minderheitenfeindliche Ideologie, antiwestlicher Populismus, Inszenierung von Feindbildern, Ressentiments und „Sündenböcken" sowie Bedrohungs-/Untergangsszenarien, völkisches Phantasma, verrohte Sprache und autoritäre Staatsvorstellungen.

3 Wir folgen hier Michael Wildt (2017) in seiner analytischen Auseinandersetzung mit Volk, Volksgemeinschaft und AfD sowie Norbert Frei et al. (2019) zur historischen Kontinuität nach 1945 und zur „Rückkehr des Nationalismus" bzw. Populismus; dann zum Rechtspopulismus im globalen Zeitalter Cornelia Koppetsch (2019). Zur Reflexion von ideologischen Beständen des Rechtsradikalismus in seinen historischen (alten und modernisierten) und grundlegenden Kernbeständen, Wandlungen und Ausprägungen, Selbstdarstellungen, programmatischen Slogans und polemischen Ausrichtungen vgl. Adorno (1967/2019).

4 Zum Antisemitismus in der AfD schreibt Wolfgang Benz (2020): „Dass sich Antisemiten wie der AfD- Abgeordnete Gedeon (im Landtag von Baden-Württemberg, d. Verf.) als ‚Antizionisten' gebärden, um Judenhass zu predigen, oder sich eine Gruppe ‚Juden in der AfD' bildete, um Juden wie Nichtjuden zu provozieren, ist typisch für den neuen Rechtsextremismus in der ‚Alternative für Deutschland', die vor allem Islamfeindlichkeit im Schilde führt" (S. 19).

5 Jenseits der Propaganda gab es in der ehemaligen, vermeintlich antifaschistischen DDR – was offiziell nicht sein durfte – Alltagsrassismus und rechte Gewalt, rechte Milieus und Strukturen. Harry Waibel (2017) spricht von etwa 9.000 neonazistischen und antisemitischen Propaganda- und Gewalttaten, von über 200 gewalttätigen Angriffen mit Tausenden von Verletzten aus über 30 Ländern.
Die Entwicklung der letzten Jahre zeigt, dass sich vor dem Hintergrund von biografischen, politischen und gesellschaftlichen Kränkungen, von Verlierererzählungen und Abwertungserfahrungen – unabhängig wie real und berechtigt sie sind – bei den über 40-Jährigen im Osten eine regressiv-autoritäre gesellschaftliche Unterströmung quer durch die Milieus herausgebildet hat. Sie ist das Klima und der Nährboden für Ressentiments und reaktionär-rassistische Programme und hier kann die AfD andocken.

6   Wir folgen hier der Auffassung von Volker Weiß (2017), der über die Neue Rechte schreibt: „Die Neue Rechte wurde in den letzten Jahren von der historischen und politologischen Forschung stark vernachlässigt. Ein Versäumnis, das sich mitunter in fatalen Fehleinschätzungen über den aggressiven Charakter dieser Strömung rächt".

7   Bei den Stufen der Unterstützung der AfD werden u. a. drei Bindungsstufen unterschieden: Parteisympathie, Wahlabsicht und Parteiidentifikation (Klein et al. 2018).

8   Auch für die AfD ging es nicht nur aufwärts, wie die Landtagswahlen in Thüringen, Sachsen und Brandenburg im Jahr 2019 gezeigt haben, bei denen sie auf Ergebnisse zwischen 23,4 und 27,5 Prozent kam und damit ihren Stimmenanteil gegenüber der letzten Landtagswahl 2014 teilweise verdoppelt hat. Hier zeigt ein Blick auf die absoluten Zweitstimmen im Vergleich zur Bundestagswahl 2017: In Sachsen verlor sie rund 75.200 Stimmen (ein Minus von zwölf Prozent gegenüber 2017), in Thüringen waren es rund 34.700 (minus zwölf Prozent) und in Brandenburg 3.600 Stimmen. Die Gründe für den Rückgang (das „Weglaufen" von Wähler*innen) sind sicher vielschichtig und noch zu untersuchen. Zu ihnen zählen möglicherweise die Beobachtung durch den Verfassungsschutz, die Steuer- und Spendenskandale, die zurückgehende Mediendominanz ihres „Lieblingsthemas Migration".

2. AfD in Parlamenten

Seit der Gründung im Frühjahr 2013 und mit den Wahlen von 2014 bis Ende des Jahres 2019 ist die AfD in alle 16 Landesparlamente, in den Bundestag, in das Europaparlament und in zahlreiche Kommunalparlamente/Gemeindevertretungen – in Städten und Gemeinden – gewählt worden. Damit ist sie im parlamentarischen Alltag unterschiedlichster Parlamente und Vertretungen präsent, agiert in Plenarsitzungen, parlamentarischen Ausschüssen und Gremien und ist in der öffentlich-politischen Kommunikation ein neuer Akteur.

2.1 AfD im Europaparlament – Wahl 2019

Mehr als 200 Millionen Europäer haben vom 23. bis 26. Mai 2019 in den Mitgliedsstaaten der Europäischen Union ihre Stimmen zur Wahl des Europaparlaments abgegeben. In Deutschland entschieden sich über vier Millionen Bürger*innen für die AfD. Die Partei schnitt insgesamt mit elf Prozent (plus 3,9 Prozentpunkte im Vergleich zum Wahljahr 2014) als viertstärkste Partei hinter der CDU (22,6 Prozent), dem Bündnis 90/Die Grünen (20,5 Prozent) und der SPD (15,8 Prozent) und vor der CSU (6,3 Prozent), Die Linke (5,5 Prozent) und der FDP (5,4 Prozent) ab. Damit erhält die AfD elf Sitze im Europaparlament; vier Sitze mehr als bei der Wahl im Jahr 2014, bei der sie erstmals ins Europaparlament einzog. In Hessen entfielen mehr als 250.000 Stimmen auf die AfD, was etwa 9,9 Prozent entspricht und sich auf einem ähnlichen Niveau wie im Jahr 2014 mit 9,1 Prozent bewegt. Angeführt wird die AfD-Fraktion im Europaparlament von Jörg Meuthen, der gleichzeitig Bundessprecher der Partei ist.

Nach der Wahl im Jahr 2019 hat sich die AfD mit anderen rechtspopulistischen, nationalistischen bis rechtsextremen Parteien zusammengeschlossen, und gemeinsam wurde die Fraktion „Identität und Demokratie" (ID) als Nachfolger der seit 2015 bestehenden Fraktion „Europa der Nationen und der

Freiheit" (ENF) gegründet. Initiiert wurde diese neue Fraktion v. a. durch Bestrebungen von Marine Le Pen (Rassemblement National – ehemals Front National) und Matteo Salvini (Lega „Salvini Premier" – ehemals Lega Nord). Zu dieser Fraktion zählen aktuell 73 Mitglieder aus neun Mitgliedsstaaten (Belgien, Tschechien, Dänemark, Deutschland, Estland, Frankreich, Italien, Österreich und Finnland), was sie zur fünftstärksten Kraft im Europäischen Parlament macht – nach den Konservativen, den Sozialdemokraten, den Liberalen und den Grünen. Die Mitglieder kommen mehrheitlich aus der italienischen Lega (28 Abgeordnete), der französischen „Rassemblement National" (22 Abgeordnete) und der AfD (elf Abgeordnete); weitere Abgeordnete kommen von der belgischen „Vlaams Belang" (drei Abgeordnete), der tschechischen Partei „Freiheit und direkte Demokratie" (zwei Abgeordnete), der dänischen „Volkspartei" (ein Abgeordneter), der „Freiheitlichen Partei Österreichs" (drei Abgeordnete) und den „Wahren Finnen" (zwei Abgeordnete) (vgl. Europäisches Parlament 2019a)[1].

Die Prioritäten der neuen Fraktion, deren Vorsitz Marco Zanni von der italienischen Lega-Partei innehat, sind nach eigenen Angaben „Arbeitsplätze und Wachstum, Sicherheit und Bekämpfung illegaler Einwanderung" (Europäisches Parlament 2019b). Während der offiziellen Fraktionsgründung äußerte sich die AfD auf Twitter über Politiker*innen und Fraktionen in der EU folgendermaßen: „Wir sind nicht hierhergekommen, um uns Freunde zu suchen. Wir sind gekommen, um Stachel im Fleisch der Eurokraten zu sein" (AfD im EU-Parlament 2019). Eine „Zerschlagung der EU" sei nicht das Ziel; es könne nicht sein, dass „unsere Nationalstaaten" den europäischen „Superstaatfantasien" zum Opfer fallen. „Uns schwebt ein Europa der Vaterländer vor, in dem nationale, regionale und kulturelle Eigenheiten geachtet und verteidigt werden", so der AfD-Vorsitzende Meuthen (vgl. Stabenow 2019).

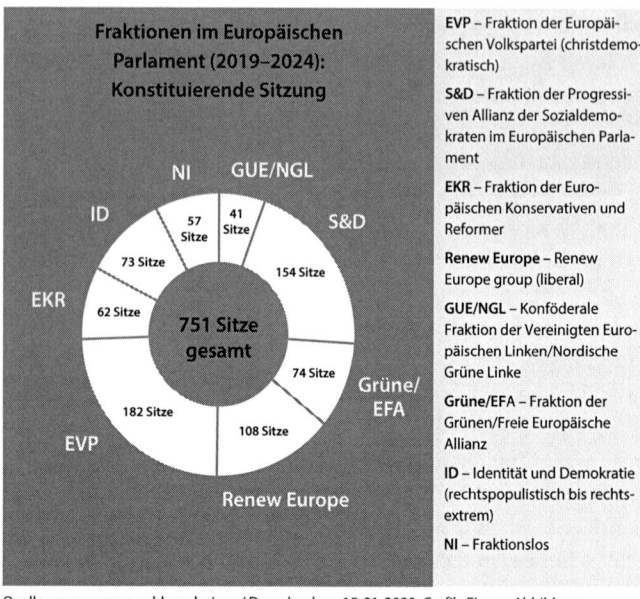

Fraktionen im Europäischen
Parlament (2019–2024):
Konstituierende Sitzung

NI — 57 Sitze
GUE/NGL — 41 Sitze
S&D — 154 Sitze
ID — 73 Sitze
EKR — 62 Sitze
751 Sitze gesamt
Grüne/EFA — 74 Sitze
EVP — 182 Sitze
Renew Europe — 108 Sitze

EVP – Fraktion der Europäischen Volkspartei (christdemokratisch)

S&D – Fraktion der Progressiven Allianz der Sozialdemokraten im Europäischen Parlament

EKR – Fraktion der Europäischen Konservativen und Reformer

Renew Europe – Renew Europe group (liberal)

GUE/NGL – Konföderale Fraktion der Vereinigten Europäischen Linken/Nordische Grüne Linke

Grüne/EFA – Fraktion der Grünen/Freie Europäische Allianz

ID – Identität und Demokratie (rechtspopulistisch bis rechtsextrem)

NI – Fraktionslos

Quelle: www.europawahlergebnis.eu/ Download am 15.01.2020. Grafik: Eigene Abbildung

2.2 AfD im Bundestag – Wahl 2017

Im Jahr 2013 trat die AfD erstmals bei der Bundestagswahl an und scheiterte mit 4,7 Prozent knapp an der Fünf-Prozent-Marke. Bei der Wahl zum 19. Deutschen Bundestag am 24. September 2017 erhielt die AfD dann 12,6 Prozent der abgegebenen Stimmen – das entspricht bei den Zweitstimmen knapp 5,9 Millionen. In den westlichen Bundesländern entfielen 11,1 Prozent und in den östlichen Bundesländern 22,5 Prozent der abgegebenen Zweitstimmen auf die AfD. Demnach ist sie die drittstärkste Fraktion im Bundestag hinter der CDU/CSU mit 32,9 Prozent und der SPD mit 20,5 Prozent und vor der FDP mit 10,7 Prozent, der Linken mit 9,2 Prozent und Bündnis 90/Die Grünen mit 8,9 Prozent. In den östlichen Bundesländern einschließlich Ostberlin ist die AfD mit 20,5 Prozent der Zweitstimmen die zweitstärkste Partei geworden.

Mit Blick auf die Bundesländer ergibt sich folgendes Bild: In Sachsen schnitt die AfD mit 27 Prozent und damit vor der Union (26,9 Prozent) als stärkste Partei ab. In Thüringen waren es 22,7 Prozent, in Brandenburg 20,2 Prozent, in Sachsen-Anhalt 19,6 Prozent, in Mecklenburg-Vorpommern 18,6 Prozent und in Berlin 12,0 Prozent der abgegebenen Zweitstimmen. In den westlichen Bundesländern lässt sich ein Nord-Süd-Gefälle der Stimmanteile feststellen: In Bayern erhielt die AfD 12,4 Prozent und in Baden-Württemberg 12,2 Prozent der Stimmen. In Hessen waren es 11,9 Prozent, in Rheinland-Pfalz 11,2 Prozent, im Saarland 10,1 Prozent, in Bremen 10,0 Prozent der abgegebenen Zweitstimmen. In Nordrhein-Westfalen (9,4 Prozent), in Niedersachsen (9,1 Prozent), in Hamburg (7,8 Prozent) und in Schleswig-Holstein (8,2 Prozent) blieb die AfD unter zehn Prozent.

In zahlreichen Wahlkreisen ist die AfD mit über 30 Prozent stärkste Partei geworden, und in einigen Kleinstädten und Orten erhielt sie über 40 Prozent der abgegebenen Stimmen, so wurde sie etwa in Brandenburg in 77 von 417 Städten und Gemeinden stärkste Partei.

Nach der Wahl standen der AfD 94 Mandate im Deutschen Bundestag zu. Aktuell setzt sich die Bundestagsfraktion der AfD noch aus 89 Abgeordneten zusammen. Bereits vor der Konstituierung des Bundestages haben sich die damalige Co-Bundessprecherin Frauke Petry und Mario Mieruch entschieden, die Partei zu verlassen. Mit der Begründung von inhaltlichen Differenzen und einer fehlenden Abgrenzung vom rechten Flügel um Björn Höcke traten bis Januar 2020 Uwe Kamann, Lars Herrmann und Verena Hartmann ebenfalls aus der Bundestagsfraktion aus. Keine Partei hat seit der ersten Wahl nach der Wiedervereinigung (12. Wahlperiode) in so kurzer Zeit so viele Fraktionsmitglieder verloren (vgl. DHB 2020). Damit verkürzt sich die Redezeit in den Bundestagsdebatten, die proportional zu der Größe der Fraktion zugeteilt wird (vgl. DBH 2014).

Wahlbefragung zur Bundestagswahl am 24. September 2017							
	Wahlentscheidung in sozialen Gruppen (in Prozent)						
	CDU/CSU	SPD	Bündnis 90/Die Grünen	FDP	Die Linke	AfD	Andere
	32,9	20,5	8,9	10,7	9,2	12,6	5
Konfession							
katholisch	44	18	8	11	5	9	5
evangelisch	33	24	10	11	7	11	4
keine	24	17	9	11	15	17	7
Erwerbsstatus							
berufstätig	30	19	10	11	9	14	6
Rentner	40	25	5	9	9	10	2
arbeitslos	17	22	12	7	15	17	11
Berufsgruppe							
Arbeiter	29	23	5	8	10	18	6
Angestellte	33	21	10	11	9	11	5
Beamte	35	21	12	12	6	9	4
Selbstständige	34	12	12	18	9	12	4
Landwirte	61	5	5	14	4	8	4
Gewerkschafts-Mitglied							
ja	24	29	8	7	12	15	5
nein	34	19	9	12	9	12	5
Arbeiter + Gewerkschafter							
Gewerkschaftsmitglied	22	31	5	5	12	19	6
kein Mitglied	31	21	5	9	10	18	7
Angestellte + Gewerkschafter							
Gewerkschaftsmitglied	21	28	10	8	14	14	6
kein Mitglied	35	20	10	12	10	10	5

Quelle: Bundestag (2018): Stimmabgabe nach Beruf und Konfession (Zweitstimme).
URL: https://www.bundestag.de/resource/blob/272928/2bca1c3521f6d1ee3bc7b07f648deda5/Kapitel_01_11_Stimmabgabe_nach_Beruf_und_Konfession__Zweitstimme_-pdf-data.pdf
Download am 15.01.2020.

Die AfD-Fraktion im Bundestag wird angeführt von der Diplom-Volkswirtin und Diplom-Kauffrau Alice Weidel und dem Juristen und ehemaligen hessischen Staatssekretär Alexander Gauland. Weiter stellt die AfD die Vorsitzenden in zwei Bundestagsausschüssen; Peter Boehringer leitet den Haushaltsausschuss und Sebastian Münzenmaier den Tourismusausschuss. Stephan Brandner bekleidete kurzzeitig das Amt als Vorsitzender des Rechtsausschusses. Aufgrund umstrittener Äußerun-

gen – u.a. bezeichnete er die Verleihung des Bundesverdienst-
kreuzes an Udo Lindenberg als „Judaslohn" – wurde Brandner
als Vorsitzender von den Abgeordneten der Regierungs- und
Oppositionsfraktionen abgewählt. Dabei handelte es sich um
ein einmaliges Vorgehen seit dem 70-jährigen Bestehen des
Parlaments. (vgl. F.A.Z. vom 13. November 2019).

Weiter verfügt die AfD durch die Etablierung im Bundestag über finanzielle Ressourcen in erheblichem Umfang. Jeder
Bundestagsabgeordnete erhält monatlich 20.870 Euro Auf-
wandsentschädigung. Mit diesen Mitteln können sie beliebig
Mitarbeiter*innen beschäftigen. Nach einer Analyse von Biermann et al. (2018) beschäftigt die AfD-Fraktion im Bundestag
297 Mitarbeiter*innen, davon hatten mindestens 27 einen „eindeutig rechtsradikalen bis rechtsextremen Hintergrund". Weiter
heißt es:

„18 AfD-Mandatsträger beschäftigen Mitarbeiter aus diesem Milieu. Unter ihnen sind Anhänger der NPD und der
neonazistischen, verbotenen Heimattreuen Deutschen Jugend (HDJ), Aktivisten der Identitären Bewegung und der
rechtsradikalen Gruppe Ein Prozent, extrem rechte Bur-
schenschafter und neurechte Ideologen. Unter den besonders radikal gesinnten Bundestagsmitarbeitern der AfD sind
zahlreiche ehemalige Soldaten" (Biermann et al. 2018).

2.3 AfD in 16 Landesparlamenten

Nach der Gründung zog die AfD bereits in den Jahren 2014 und
2015 in zahlreiche Landtage und Bürgerschaften ein: In Bran-
denburg mit 12,2 Prozent, Thüringen mit 10,6 Prozent, Sachsen
mit 9,7 Prozent, Hamburg mit 6,1 Prozent und Bremen mit 5,5
Prozent. Mit den Landtagswahlen in Hessen und Bayern im
Jahre 2018 ist die AfD in allen 16 Landesparlamenten vertreten.
Damit stehen ihr insgesamt 265 Sitze mit durchschnittlich 12,4
Prozent aller Stimmen zur Verfügung. Sie ist auf Landesebene

Wahlergebnisse und Sitze der AfD in den Landesparlamenten (Stand: Februar 2020)				
Bundesland	Letzte Wahl	AfD (%)	Mandate nach der Wahl	Aktuelle Besetzung nach Mandatsverzichten, Austritten, Ausschlüssen und Sterbefällen [1]
Hamburg	23.02.2020	5,3	7	7
Rheinland-Pfalz	13.03.2016	12,6	14	12 (–2/+0)[2]
Sachsen-Anhalt	13.03.2016	24,3	25	21 (–5/+1)
Baden-Württemberg	13.03.2016	15,1	23	18 (–8/+3)
Mecklenburg-Vorpommern	04.09.2016	20,8	18	14 (–6/+2)
Berlin	18.09.2016	14,2	25	22 (–3/+0)
Saarland	26.03.2017	6,2	3	3
Schleswig-Holstein	07.05.2017	5,9	5	4 (–1/+0)
Nordrhein-Westfalen	14.05.2017	7,4	16	13 (–3/+0)
Niedersachsen	15.10.2017	6,2	9	9
Bayern	14.10.2018	10,2	22	20 (–2/+0)
Hessen	28.10.2018	13,1	19	18 (–2/+1)
Bremen	26.05.2019	6,1	5	0 (–5/+0)[3]
Brandenburg	01.09.2019	23,5	23	23
Sachsen	01.09.2019	27,5	38	38
Thüringen	27.10.2019	23,4	22	22
Gesamt		**12,4**	**274 (100 %)**	**244 (89 %) (–37/+7)**

1) Stand Februar 2020; 2) (– Anzahl der Austritte, Ausschlüsse, Verzichte/+ Anzahl der Nachrücker*innen);
3) Am 1. September 2019 – knapp drei Monate nach der Bürgerschaftswahl – verließen die drei AfD-Abgeordneten Felgenträger, Magnitz und Runge die Fraktion aufgrund interner Differenzen und gründeten die Gruppe Magnitz, Runge, Felgenträger. Die verbliebenen Abgeordneten, Jürgewitz und Beck, sind seither fraktionslose Einzelabgeordnete der AfD. Es gibt in vielen Landtagsfraktionen wiederholt Austritte, Spaltungen und auch Ausschlüsse. Quelle: Eigene Zusammenstellung

im bundesweiten Vergleich auf dem vierten Platz hinter der CDU/CSU (30,3 Prozent), der SPD (22,2 Prozent), Bündnis 90/Die Grünen (13,4 Prozent) und vor FDP (7,7 Prozent) und die Die Linke (6,6 Prozent).

Bei den Landtagswahlen in Rheinland-Pfalz (2016) entfielen 12,6 Prozent der abgegebenen Stimmen auf die AfD und sie ist damit mit 14 Sitzen im Landtag vertreten. In Baden-Württemberg (2016) waren es 15,1 Prozent und 23 Sitze, im Berliner Abgeordnetenhaus (2016) 14,2 Prozent und 24 Sitze, in Bayern (2018) 10,2 Prozent und 20 Sitze sowie in Hessen (2018) 13,1 Prozent und 18 Sitze.

Weniger als zehn Prozent aller Stimmen erhielt sie in Hamburg (2015) mit 6,1 Prozent und sechs Sitzen; im Saarland (2017) waren es 6,2 Prozent und drei Sitze, in Schleswig-Holstein (2017) 5,9 Prozent und fünf Sitze und in Nordrhein-Westfalen (2017) 7,4 Prozent und 16 Sitze. In Niedersachsen (2017) wählten 6,2 Prozent (9 Sitze) aller Wähler*innen die AfD und in Bremen (2019) waren es 6,1 Prozent und fünf Sitze.

Die stärksten Wahlergebnisse erzielte die AfD in den neuen Bundesländern: In Sachsen-Anhalt (2016) erhielt sie 24,3 Prozent der abgegebenen Stimmen und 25 Sitze, in Mecklenburg-Vorpommern (2016) waren es 20,8 Prozent mit 14 Sitzen; in Brandenburg (2019) waren 23,5 Prozent und 23 Sitze, in Sachsen (2019) 27,5 Prozent und 38 Sitze sowie in Thüringen (2019) 23,4 Prozent und 22 Sitze.

Insgesamt sind 265 AfD-Abgeordnete in die 16 Landtage gewählt worden.

Schroeder et al. (2017) haben die Repräsentanz der AfD in zehn Landtagen untersucht und sprechen von einer „Bipolarität" in den Parlamenten; gemeint ist „eine recht deutlich beobachtbare Rollenverteilung zwischen Provokateuren und Pragmatikern". Dies führe bei den etablierten Parteien zu einer „kommunikativen Verunsicherung" und erschwere einen strategischen Umgang mit den Neulingen auf dem Parlamentsparkett. Weiter existiere eine „vorherrschende Differenz zwischen Plenums- und Ausschussarbeit". Im Plenum präsentiere sich die Fraktion aktiv, während sie sich in den Ausschüssen kaum engagiere. Ursächlich dafür sei vordergründig die Tatsache, dass die gewählten AfD-Repräsentanten kaum über Vorerfahrung in der Parlamentsarbeit verfügten und ihnen die parlamentarischen Gepflogenheiten wenig bekannt seien. Zudem ermögliche das Plenum eine größere öffentliche und massenmediale Aufmerksamkeit. Trotz einiger Gemeinsamkeiten zeichnet sich ein insgesamt heterogenes Bild ab. Es gebe große Unterschiede innerhalb der einzelnen wie auch zwischen den verschiedenen Landtagsfraktionen – sowohl hinsichtlich strategischer als auch inhaltlicher Orientierung. So gebe es parlamentsorientierte Fraktionen wie Berlin, Sachsen oder Rheinland-Pfalz und bewegungsorientierte Fraktionen v. a. in Thüringen, Brandenburg, Sachsen-Anhalt und Mecklenburg-Vorpommern.

Weiter gibt es Landtagsfraktionen, die keiner dieser Orientierungen zugeordnet werden können, oder solche, die Merkmale beider Ausprägungen aufweisen. Auch auf inhaltlicher Ebene sind nach Schroeder et al. (2017b) die Fraktionen unterschiedlich aufgestellt. Der priorisierte Bereich aller AfD-Landtagsfraktionen seien Asyl, Flüchtlingsfragen, Migration und Integration. Die AfD fokussiere diese Themen etwa drei Mal so häufig wie andere Fraktionen. Obwohl sich die AfD-Fraktion als Law-and-Order-Partei präsentiert, würden sich Themen wie Innere Sicherheit, Kriminalität, öffentliche Sicherheit und Ordnung bei der parlamentarischen Arbeit kaum bemerkbar machen. Zudem handele es sich bei den AfD-Fraktionen im Landtag keineswegs um Single-Issues-Fraktionen, da auch Themenbereiche abseits von Flüchtlingsfragen behandelt würden. Insgesamt würden eine strukturelle Bipolarität und eine uneindeutige Erscheinungsweise das Bild der AfD in den Landtagen prägen.

2.4 AfD in kommunalen Parlamenten

Bereits bei den ersten Kommunalwahlen im Frühjahr 2014 erreichte die AfD in Sachsen bei den Gemeinderatswahlen 2,5 Prozent der abgegebenen Stimmen und bei den Kreistagswahlen 5,8 Prozent. In den westlichen Bundesländern erzielte sie im gleichen Jahr in Nordrhein-Westfalen 2,6 Prozent der abgegebenen Stimmen bei den Kreistagswahlen, und in Bayern blieb sie sowohl bei den Kreistags- als auch bei den Stadtratswahlen im unteren einstelligen Bereich.

Das erste zweistellige Ergebnis errang die AfD mit 11,9 Prozent der abgegebenen Stimmen bei den hessischen Kommunalwahlen im Frühjahr 2016. Im Wahljahr 2019 erzielte die AfD in den neuen Bundesländern ausnahmslos Stimmanteile im zweistelligen Bereich. Bei der Kommunalwahl in Sachsen erreichte sie mit 27,3 Prozent der abgegeben Stimmen das beste bisherige Wahlergebnis und den zweiten Platz hinter der CDU (28,7 Prozent) und vor den Freien Wählern (14,6 Prozent), der Linken (11,2 Prozent), der SPD (8,3 Prozent), den Grünen (6,1 Prozent) und der FDP (5,7 Prozent).

Trotz der hohen Wahlergebnisse blieben in mehreren ostdeutschen Bundesländern (u.a. Sachsen-Anhalt, Thüringen,

Ausgewählte Kommunalwahlen seit 2014		
Bundesland	**Letzte Wahl**	**Ergebnis im Durchschnitt (%)**
Bayern	16.03.2014	0,1 (Kreistagswahlen)
	(nächste Wahl: 15.03.2020)	1,3 (Stadtratswahlen)
Nordrhein-Westfalen	25.05.2014	2,6 (Kreistagswahlen)
	(nächste Wahl: 13.09.2020)	
Hessen	06.03.2016	11,9 (Gesamtdurchschnitt)
Niedersachsen	11.09.2016	7,8 (Gesamtdurchschnitt)
Schleswig-Holstein	6.05.2018	5,5 (Gesamtdurchschnitt)
Sachsen-Anhalt	26.05.2019	16,4 (Stadtrats- und Kreistagswahlen)
		11,7 (Gemeinderatswahlen)
Thüringen	26.05.2019	18,0 (Kreistagswahlen)
		7,9 (Gemeinderatswahlen)
Baden-Württemberg	26.05.2019	5,5 (Kreistagswahlen)
Saarland	26.05.2019	8,6 (Kreistagswahl)
Rheinland-Pfalz	26.05.2019	8,3 (Kreistagswahlen)
Bremen	26.05.2019	5,7 (Wahl zur Bremer Stadtbürgerschaft) 8,7 (Wahl zur Stadtverordnetenversammlung Bremerhaven)
Hamburg	26.05.2019	6,3 (Gesamtdurchschnitt)
Mecklenburg-Vorpommern	26.05.2019	14,0 (Gesamtdurchschnitt)
Brandenburg	26.05.2019	15,9 (Gesamtdurchschnitt)
Sachsen	26.05.2019	23,7 (Kreistagswahlen)
Berlin	18.09.2016	14,2 (Gesamtergebnis: Wahl des Abgeordnetenhauses) 12,1 (Berlin West: Wahl des Abgeordnetenhauses) 17,0 (Berlin Ost: Wahl des Abgeordnetenhauses)

Quelle: Eigene Zusammenstellung

Sachsen) mehrere gewonnene Sitze in den Kommunalparlamenten unbesetzt. In Thüringen beispielsweise blieben von 20 Sitzen in fünf betroffenen Gemeinden acht unbesetzt; als Grund dafür gilt die geringe Mitgliederzahl der Partei (vgl. ZEIT Online vom 31. Mai 2019).

Thematisch fokussiert sich die AfD in den kommunalen Parlamenten auf vielfältige regionale, lokale und auch landesbezogene Themen. Bezogen wird sich u.a. auf Integration, Asyl, Flucht und Flüchtlinge, auf Innere Sicherheit und Kriminalität, auf politischen Extremismus (insbesondere Linksextremismus) oder auf Soziales. Sie formuliert ihre Anliegen mal „offen, direkt und unmittelbar nationalistisch, völkisch und rassistisch", mal „verdeckt und subtil, mit einem moderaten und wenig eindeutigen Subtext verbunden" oder „moderat und sachbezogen" (Hafeneger et al. 2018, Gorskih/Hanneforth/Nattke 2016).

Anmerkungen

1   Die Entwicklung rechtspopulistischer Parteien war in europäischen Ländern in den letzten Jahren uneinheitlich: Es gab sowohl Aufwärtstrends, es gab Stagnation und es gab Abwärtstrends. Es gab gemeinsame Themen und Entwicklungen für ihre Erfolge, zugleich haben länderspezifische Faktoren einen starken Einfluss.

2   Am 1. September 2019 – knapp drei Monate nach der Bürgerschaftswahl – verließen die drei AfD-Abgeordneten Felgenträger, Magnitz und Runge die Fraktion aufgrund interner Differenzen und gründeten die Gruppe Magnitz, Runge, Felgenträger. Die verbliebenen Abgeordneten, Jürgewitz und Beck, sind seither fraktionslose Einzelabgeordnete der AfD. Es gibt in vielen Landtagsfraktionen wiederholt Austritte, Spaltungen und auch Ausschlüsse.

3. AfD in Hessen

Der Landesverband Hessen wurde am 5. Mai 2013 gegründet, und es gibt Kreisverbände in allen Landkreisen. Die AfD ist in allen kreisfreien Städten und vielen kleineren Städten und Kommunen vertreten, und Hessen hat nach Bayern, Baden-Württemberg und Nordrhein-Westfalen den viertstärksten Landesverband. In Hessen hatte die AfD Ende 2019 nach Selbstangabe 3.033 Mitglieder (davon waren 151 noch in Prüfung), im Jahr 2018 waren es 2.840 Mitglieder.

Die beiden Landtagsabgeordneten Robert Lambrou und Klaus Herrmann wurden beim Landesparteitag am 12. und 13. Oktober 2019 im osthessischen Neuhof in ihren Vorstandsämtern als gleichberechtigte Sprecher für zwei Jahre wiedergewählt: Lambrou wurde mit 58,7 Prozent zum Ersten Sprecher und Hermann in einer Stichwahl mit 50,1 Prozent zum Zweiten Sprecher gewählt; Heiko Scholz wurde Erster Stellvertretender und Markus Fuchs Zweiter Stellvertretender Sprecher des Landesverbandes. Schatzmeister blieb Bernd-Erich Vohl und zu Beisitzern wurden gewählt: Volker Richter, Andreas Lichert, Christian Douglas und Bernd Leidich. Bei der Wahl zum Fraktionsvorsitzenden am 14. Januar 2020 wurde Lambrou mit 92 Prozent der Stimmen wiedergewählt, Stellvertreter wurden Klaus Herrmann, Volker Richter und Dirk Gaw; parlamentarischer Geschäftsführer blieb Frank Grobe.

Der hessische Landes- und Fraktionsvorsitzende bezeichnet die hessische AfD als „bürgerlich-konservativ", er unterzeichnete im Juli 2019 mit Klaus Herrmann den von 100 Funktionären unterzeichneten Appell „Die AfD ist und wird keine Björn-Höcke-Partei". Gleichzeitig lehnte er es ab, sich von Höcke öffentlich zu distanzieren, weil er es prinzipiell ablehne, Parteifreunde öffentlich zu kritisieren.

Dem eher gemäßigten, parlamentsorientierten Landesverband gehören alle Strömungen und damit auch der völkische „Flügel" als „selbstverständliche Strömung" (so der Landes- und

Fraktionsvorsitzende Robert Lambrou) an; er wird im Landtag repräsentiert vom Abgeordneten Andreas Lichert aus der Wetterau und im Landesverband weiter von der Europaabgeordneten Christine Anderson aus Limburg. In der Partei und der Landtagsfraktion ist ein Mix aus enttäuschten national-konservativen, neoliberalen und radikal-völkischen Mitgliedern und Akteuren repräsentiert.

3.1 AfD in hessischen Kommunalparlamenten

Bei der Kommunalwahl in Hessen am 6. März 2016 zeigte sich bereits das Wählerpotenzial der AfD auch in diesem Bundesland. Sie erreichte im Landesdurchschnitt 11,9 Prozent der abgegebenen Zweitstimmen und insgesamt 279 Sitze, davon 183 in den Kreistagen und 96 in Städten und Gemeinden. Sie wurde damit drittstärkste Kraft nach der CDU mit landesweit 28,9 Prozent und der SPD mit 28,5 Prozent der abgegebenen Stimmen. Einige ausgewählte kommunale Ergebnisse zeigen, wo die AfD besonders erfolgreich und überdurchschnittlich abgeschnitten hat: In den Landkreisen Bergstraße mit 15,9 Prozent (elf Sitze), Offenbach mit 14,7 Prozent (13 Sitze), Main-Kinzig mit 14,6 Prozent (13 Sitze), Gießen mit 14,4 Prozent (zwölf Sitze) und Fulda mit 14,3 Prozent (zwölf Sitze) erhielt die AfD die größte Zustimmung. Bei den Städten waren es u. a. Dietzenbach mit 14,7 Prozent (sieben Sitze), Bad Karlshafen mit 14,0 Prozent (zwei Sitze), Bensheim mit 13,3 Prozent (sechs Sitze), Gießen mit 12,9 Prozent (acht Sitze) und Wiesbaden mit 12,2 Prozent (elf Sitze).

3.2 AfD vor der Landtagswahl in Hessen 2018

Im Landtagswahlkampf 2018 ist die AfD programmatisch mit einem 89-seitigen Programm angetreten; es hatte den Titel „Hessen. Aber sicher!"[1]. Mit ihm hat sie dargelegt, was ihre Themen und Forderungen sind und mit welcher Sprache sie agiert. Die 15 Gliederungspunkte zeigen ein umfangreiches Themenspektrum, bei dem es um Demokratie und Rechtsstaat,

Innere Sicherheit und Rechtsstaatlichkeit, Familie, Bildung, Einwanderung, Integration und Asyl, Finanzen, Arbeit und Soziales, Wirtschaft, Verkehr, Straßenbau und Mobilität, Energie, Planen und Wohnen, Ländlicher Raum, Natur- und Landschaftsschutz, Gesundheit und Sport, Kunst, Kultur und Medien geht.

Neben landespolitischen Schwerpunkten wie hohen Mieten in Ballungsräumen – hier spricht die AfD von „Staatsversagen auf allen Ebenen" – dominieren in dem Programm die klassischen AfD-Themen, wie Innere Sicherheit, Familie, Einwanderung und Asyl sowie Gender. Beim Thema Innere Sicherheit präsentiert sich die AfD als Partei von „Recht und Ordnung": „Wir werden dafür sorgen, dass Sie in Hessen in Freiheit und Sicherheit und ohne Angst leben können." Weiter formuliert sie Slogans wie „Akzeptanz unserer christlichen, abendländischen Werte", „Ausländerkriminalität – entgegenwirken und eindämmen" oder „Extremistische Gruppierungen – entgegentreten und abwehren". Die familienpolitischen Ziele basieren auf einem konservativ-traditionellen Familienbild: „Die Familie mit Vater, Mutter, Kindern und der älteren Generation bildet das Fundament unserer Gesellschaft. In ihr werden Werte und kulturelle Identität, Heimatliebe, Gemeinschaftssinn und Solidarität herangebildet."

Weitere Themen sind die angebliche „Frühsexualisierung" und der Sexualkundeunterricht. So heißt es: „Jeder Sexualkundeunterricht muss auf den christlichen Wurzeln unseres Landes basieren. Die Vater-Mutter-Kind-Konstellation muss als Keimzelle unserer Gesellschaft erhalten bleiben." Bei dem Themenbereich „Einwanderung und Asyl" ist die Rede von „Grenzen schützen, Asylmissbrauch und illegale Zuwanderung beenden", „Integration ist eine Bringschuld der Einwanderer" oder „Staatsbürgerschaft durch Abstammung". Der Begriff „Ausländer" findet dabei themenübergreifend Verwendung. Gender-Mainstreaming wird entschieden abgelehnt und für die AfD steht sie „im Widerspruch zu den Ergebnissen der Naturwissenschaften, der

Entwicklungspsychologie und der Lebenserfahrung" (vgl. AfD-
Landesverband Hessen 2018).

Kandidat*innen

Im Landesverband Hessen gab es vor der Landtagswahl und der
Aufstellung der Landesliste wiederholt interne Auseinandersetzungen bzw. Flügelkämpfe zwischen – so eine Unterscheidung
der drei vorherrschenden Strömungen – eher rechtskonservativ-
moderaten, rechtspopulistischen und nationalistisch-völkischen
Kräften bzw. Akteuren. Hier wird begrifflich auch zwischen der
neoliberalen, antisäkularen und national-völkischen Strömung
innerhalb der AfD unterschieden. Begleitet von internen Auseinandersetzungen einigte sich die AfD schließlich auf ihren Lan-
desparteitagen auf eine Landesliste.

Ein Blick auf die Kandidat*innen der AfD zur Wahl des 20.
Hessischen Landtags am 28. Oktober 2018 zeigt folgendes Bild:
Für die hessische AfD sind 55 Direktkandidat*innen angetreten,
eine*r in jedem Wahlkreis. Auf der Landesliste gab es 30 Kandidat*innen, wovon sich 22 gleichzeitig um ein Direktmandat in
den einzelnen Wahlkreisen beworben haben. Unter den insgesamt 63 Kandidat*innen waren sieben Frauen und 56 Männer
überwiegend im Alter zwischen 50 und 69 Jahren.

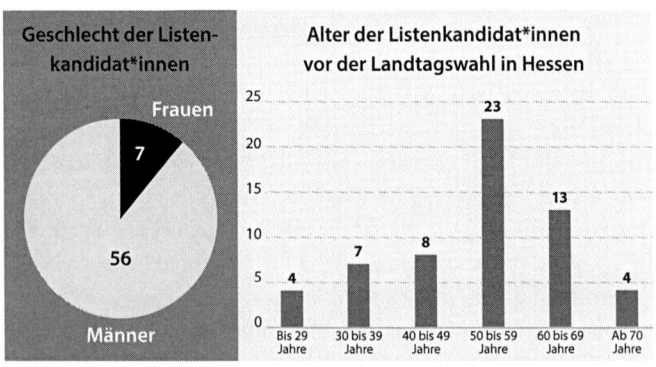

Quelle: Eigene Zusammenstellung; bei vier Kandidat*innen gab es keinen Hinweis zum Alter

Häufig vertreten sind Selbstständige, Freiberufler und Personen in leitenden Funktionen, Naturwissenschaftler, Ingenieure und Techniker sowie kaufmännische Angestellte.

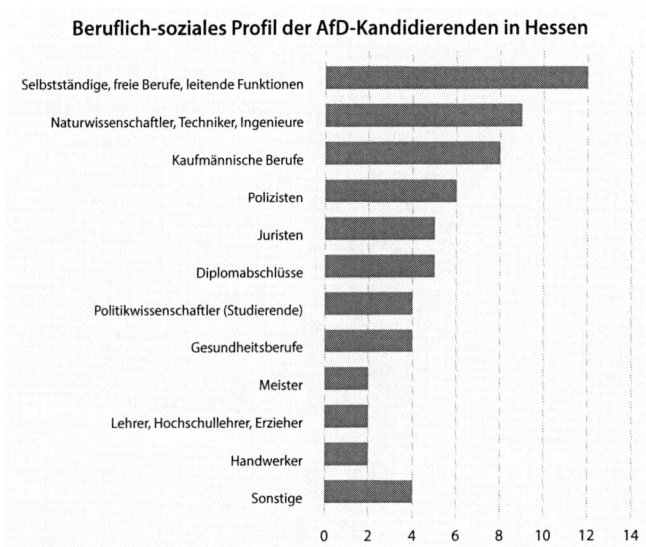

Beruflich-soziales Profil der AfD-Kandidierenden in Hessen

Quelle: Eigene Zusammenstellung der Direktkandidat*innen

Anmerkung

1   Auch in anderen Bundesländern gab es im Rahmen von Landtagswahlen Positions-
     papiere und Regierungsprogramme; so in Bayern 2018 mit „Bayern – aber sicher"
     und in Sachsen 2019 ein 74 Seiten umfassendes „Regierungsprogramm".

4. AfD im Hessischen Landtag

Bei der Landtagswahl am 28. Oktober 2018 in Hessen hat die AfD 13,1 Prozent der abgegebenen Zweitstimmen und 19 Mandate erhalten; sie wurde damit viertstärkste Fraktion. Mit Blick auf Wähler*innen haben die Alterskohorten der 35- bis 59-Jährigen mit 15,7 Prozent überdurchschnittlich AfD gewählt. Von den 18- bis 24-Jährigen blieb sie mit neun Prozent deutlich unter ihrem Gesamtergebnis. Unter den Wähler*innen mit höherer Bildung hat sie vergleichsweise schlecht abgeschnitten, und besonders erfolgreich war sie bei den Arbeiter*innen; von dieser schrumpfenden sozialen Statusgruppe wurde sie mit 23 Prozent vor der SPD und CDU stärkste Kraft. Ihr bestes Ergebnis erzielte die AfD im Wahlkreis Fulda III mit 18,2 Prozent und mehr als 17 Prozent in der Wetterau, in Hersfeld und im Osten des Main-Kinzig-Kreises.

Daten zur Fraktion

Die aktuelle AfD-Fraktion hat 18 Mitglieder und Vorsitzender ist der Diplom-Kaufmann Robert Lambrou, sein Stellvertreter ist der Diplom-Verwaltungswirt Klaus Herrmann; im Vorstand sind weiter der Industriemeister Volker Richter und der Polizeibeamte Dirk Gaw, Parlamentarischer Geschäftsführer ist der Historiker und „Redenschreiber" Frank Grobe. Die Fraktion setzt sich aus 17 männlichen und einer weiblichen Abgeordneten zusammen.

Die außerdem gewählte AfD-Abgeordnete Alexandra Walter wurde bei der konstituierenden Sitzung des Landtags am 18. Januar 2019 nicht in die AfD-Fraktion aufgenommen. Der Ausschluss erfolgte wegen eines „fragwürdigen Geschichtsverständnis[es]" und des Verdachts der Verbreitung rechtsextremistischen Gedankengutes in sozialen Netzwerken, etwa im Rahmen von Kommentaren auf Facebook (vgl. F.A.Z. vom 18.01.2019). Seitdem ist Walter fraktionsloses Mitglied des hessischen Landtags.

Die Sozialstruktur der Abgeordneten sieht nach den Selbstangaben folgendermaßen aus: Drei Personen haben einen Diplomabschluss (Kaufmann, Verwaltungswirt, Meteorologe), ein Abgeordneter hat einen Bachelorabschluss in Maschinenbau und Mechatronik. Zwei Personen sind Meister – einmal im KfZ- und einmal im Druckbereich. Es gibt einen Rechtsanwalt und einen Volljuristen, dann einen Arzt, eine Heilpraktikerin, einen geschäftsführenden Gesellschafter, einen Polizeibeamten, einen Bürgermeister a. D. und einen Rentner. Zwei Personen waren als Studienrat und als Lehrer tätig, ein Abgeordneter gibt Redenschreiber an. Der Altersdurchschnitt liegt bei 58,2 Jahren, dabei sind drei Personen unter 50 und sieben Personen sind zwischen 50 und 60 Jahren, fünf Personen zwischen 60 und 70 Jahre alt und drei Personen sind älter als 70 Jahre (Stand Januar 2020).

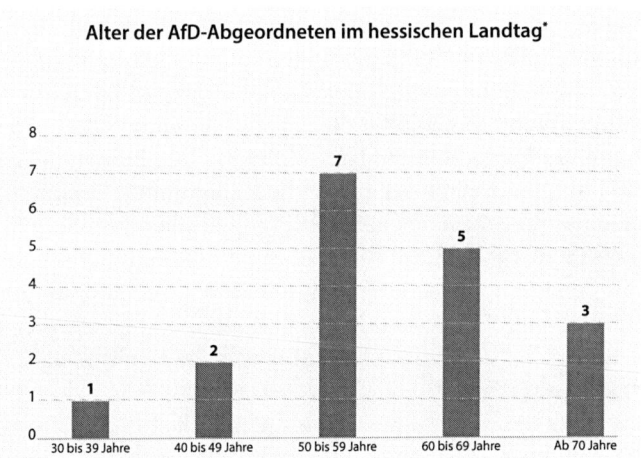

Alter der AfD-Abgeordneten im hessischen Landtag*

* Stand: Januar 2020. Quelle: Eigene Zusammenstellung

Es scheint, dass mit den beiden Landes- und Fraktionsvorsitzenden Robert Lambrou (der sich als „bürgerlich-konservativ" bezeichnet und Geschäftsführer der AfD-Stadtverordnetenfraktion in Wiesbaden ist) und Klaus Herrmann und mit dem Einzug in den Landtag eine gewisse Beruhigung und Befriedung in der „gezähmten" Partei und Fraktion eingetreten ist. Streit und Konflikte, interne Querelen und Differenzen werden – obwohl alle Lager/Strömungen (auch der nationalistisch und völkisch argumentierende „Flügel") in der Fraktion vertreten sind – nach außen kaum erkennbar bzw. offen ausgetragen. Aus dem Innenleben von Partei und Fraktion – der inneren Struktur und den „dunklen Zonen", dem völkischen und rechtsextremen Gedankengut oder auch innerfraktionellen Machtkämpfen – dringt kaum was in die Öffentlichkeit.

Verstrickungen und nachgewiesene personelle Verbindungen (verbunden mit Überzeugungen und Loyalitäten) zur außerparlamentarischen extremen und Neuen Rechten wie z. B. der „Identitären Bewegung" (IB) werden relativiert, umgedeutet, kleingeredet und – mit Blick auf die Unvereinbarkeitsliste – als Vergangenheit und früheres Engagement deklariert. Das betrifft insbesondere den AfD-Abgeordneten Andreas Lichert, der vom „sogenannten Verfassungsschutz" redet, als Netzwerker der Neuen Rechten gilt, und für das „Institut für Staatspolitik" des neurechten Publizisten und Netzwerkers Götz Kubitschek aktiv war. Er war weiter in das „patriotische Hausprojekt" respektiven „identitäre Zentrum" in Halle an der Saale einbezogen. Für ihn ist die IB „weder in seinen Zielen noch in seinen Mitteln – in einem sinnvollen Sinne des Wortes – extremistisch" ist. Dies gilt auch für Jens Mierdel, den Co-Vorsitzenden der „Jungen Alternative Hessen" und AfD-Abgeordneten im Fuldaer Kreistag. Er hatte zeitweise als „Regionalleiter Hessen" eine Führungsfunktion in der IB inne und arbeitet seit Anfang Juli 2019 als persönlicher Referent für den AfD-Landtagsabgeordneten Heiko Scholz (vgl. F.A.Z., vom 16. Juli 2019).[1]

Repräsentanz

Der Fraktionsvorsitzende Robert Lambrou dominiert die Fraktion und versucht, die unterschiedlichen Strömungen zu integrieren und die Fraktion im Parlamentsgeschehen zusammenzuhalten. Die AfD ist in allen Ausschüssen vertreten und in zwei Ausschüssen – dem Rechtspolitischen Ausschuss und dem Europaausschuss – hat sie mit Walter Wissenbach und Karl Herrmann Bolldorf den Vorsitz und damit Schlüsselpositionen der Legislative inne. In zwei weiteren Ausschüssen – dem Ausschuss für Umwelt, Klimaschutz, Landwirtschaft und Verbraucherschutz und dem Unterausschuss für Heimatvertriebene, Aussiedler, Flüchtlinge und Wiedergutmachung – stellt sie mit Dimitri Schulz und Gerhard Schenk den stellvertretenden Vorsitz. Ihre Vorschläge mit den drei Abgeordneten Bernd-Erich Vohl (Landesschatzmeister der AfD, erste Abstimmung), dem ehemaligen Bürgermeister von Biedenkopf Karl Herrmann Bolldorf (zweite Abstimmung) und Dirk Gaw (Polizeibeamter und Sprecher der AfD-Fraktion für Sport und Justizvollzug, dritte Abstimmung am 30. Januar 2020) für den Sitz eines Vizepräsidenten des Landtages sind von der großen Mehrheit der Abgeordneten abgelehnt worden. Gaw erhielt im dritten und geheimen Wahlgang 28 von 129 abgegebenen Stimmen; die AfD-Fraktion verfügt über 18 Sitze.[2]

Im Präsidium des Landtages ist die AfD mit Klaus Herrmann und im Ältestenrat mit Klaus Herrmann und Walter Wissenbach vertreten. Nicht vertreten ist die AfD in der Parlamentarischen Kontrollkommission, für ihren Vertreter votierten 28 (die Fraktion hat 18 Mitglieder) von den 137 Mitgliedern des Landtages; das Gremium befasst sich mit der Arbeit des Landesamtes für Verfassungsschutz und unterliegt strengen Geheimhaltungsregeln.[3]

Im Kuratorium der hessischen Landeszentrale für politische Bildung ist die AfD durch Frank Grobe, im Rundfunkrat durch Arno Enners und im Landesjugendhilfeausschuss durch Heiko Scholz vertreten. In der Landespersonalkommission sind Karl Herrmann Bolldorf und im Wahlausschuss zur Wahl der richterlichen Mitglieder des Staatsgerichtshofes Walter Wissenbach.

Mit der parlamentarischen Repräsentanz ist die AfD mit materiellen und personellen Ressourcen ausgestattet, hat sie Rechte auf Kontrolle und Auskunft, Zugänge zu Daten und Informationen, die sie systematisch nutzt bzw. nutzen kann. Im Parlament kann sie über Aktuelle Stunden, Debattenbeiträge, Große und Kleine Anfragen sowie durch Anträge, Zwischenrufe und Sprache (Begriffe) ihre Politikvorstellungen propagieren. Es ist ihr damit möglich, Öffentlichkeit herzustellen, Diskurse zu erzwingen und Druck zu erzeugen.[4]

Mitarbeitergewinnung

Nach eigenen Angaben befindet sich die Landtagsfraktion „zur Zeit im Aufbau und der Personalakquise" (AfD-Fraktion im Hessischen Landtag 2018). Seit der Wahl in den hessischen Landtag im Oktober 2018 veröffentlichte sie mehrere Stellenanzeigen; so wurde im Netz u.a. nach Referent*innen für folgende Ressorts gesucht:

- Haushalt und Finanzen,
- Inneres,
- Arbeit, Soziales, Familie und Integration,
- Kommunalpolitik,
- Gesundheit,
- Wirtschaft und Digitales.

Weiter war die Fraktion „zur Umsetzung unserer bürgerlich-konservativen Politik" auf der Suche nach einem „Fraktionsgeschäftsführer (gleich welchen Geschlechts)" und einem „Videografen (gleich welchen Geschlechts)". Erwartet werden u.a. eine „hohe Identifikation mit den Zielen der AfD und politisches Gespür". Die Stellenanzeigen sehen beispielhaft so aus:

Stellenanzeige

Die AfD-Fraktion im Hessischen Landtag ist am 28. Oktober 2018 mit 13,1 % in den Hessischen Landtag gewählt worden. Damit hat sie ihr Ergebnis seit der letzten Landtagswahl 2013 mehr als verdreifacht. Zur Umsetzung unserer bürgerlich-konservativen Politik suchen wir zum nächstmöglichen Zeitpunkt in Wiesbaden einen:

Fraktionsgeschäftsführer (gleich welchen Geschlechts)

Das Aufgabengebiet umfasst:

- Führung und Organisation der Fraktionsmitarbeiter
- Erstellung von Haushalts-, Finanz- und Budgetplanungen
- Koordination und Kontrolle von Buchhaltung, Rechnungslegung, Finanzanträgen
- Abgrenzung finanzieller und qualitativer Verwendungszusammenhänge gemäß Fraktionsgesetz
- Unterstützung bei der Durchführung von Vorstands- und Fraktionssitzungen
- Beratung des parlamentarischen Geschäftsführers
- Steuerung der Referententätigkeit
- Beschaffungsmanagement, Veranstaltungsmanagement, Personalmanagement
- Projekt- und Schnittstellenmanagement zwischen Fraktion, Vorstand, Landtagsverwaltung, Betriebsrat, Wirtschaftsprüfer, Steuerberater und weiterer Partner
- Mitarbeit an Konzepten für die Fraktionsarbeit

Wir erwarten von Ihnen:

- Hochschulabschluss oder gleichwertige Fachkenntnisse
- Berufserfahrung in den genannten Aufgabengebieten
- Kenntnisse in Verwaltung oder Geschäftsführung
- Möglichst Kenntnisse parlamentsinterner Abläufe und Strukturen
- Grundkenntnisse der Positionen der AfD bezogen auf Hessen und bundesweit
- Hohe Identifikation mit den Zielen der AfD und politisches Gespür
- Sicherer Umgang mit modernen Kommunikationstechniken
- Belastbarkeit, Organisationstalent, Zuverlässigkeit & Kommunikationsfähigkeit
- Rhetorische Fähigkeiten, schriftliche Ausdrucksfähigkeit
- Flexibilität & konzeptionelles strategisches Denken
- Team- & Kooperationsfähigkeit
- Motivationsfähigkeit und Entscheidungsfreude, starke Persönlichkeit
- Gute Englischkenntnisse

Kontakt:

Ihre Bewerbung mit Ihren Gehaltsvorstellungen (Jahresbruttogehalt) und den frühestmöglichen Arbeitsbeginn senden Sie bitte ausschließlich per E-Mail in einer PDF-Datei mit maximal 10 MB an die AfD-Fraktion im Hessischen Landtag unter der E-Mail-Adresse afd-fraktion@ltg.hessen.de

Es handelt sich um eine Vollzeitstelle, die bis zum Ende der Legislaturperiode (31.01.2024) befristet ist. Kosten, die mit der Bewerbung in Zusammenhang stehen, können nicht erstattet werden.

AfD-Fraktion im Hessischen Landtag
www.afd-fraktion-hessen.de · E-Mail: afd-fraktion@ltg.hessen.de

Quelle: AfD-Fraktion im Hessischen Landtag. URL: https://c816d4a8-ea73-4062-b152-5de19962722f. filesusr.com/ugd/0dbb82_d70437332c8d44b6b988261a434d78dd.pdf – Download am 30.01.2020.

Stellenanzeige

FRAKTION IM HESSISCHEN LANDTAG

Die AfD-Fraktion im Hessischen Landtag ist am 28. Oktober 2018 mit 13,1 % in den Hessischen Landtag gewählt worden. Damit hat sie ihr Ergebnis seit der letzten Landtagswahl 2013 mehr als verdreifacht. Zur Umsetzung unserer bürgerlich-konservativen Politik suchen wir zum nächstmöglichen Zeitpunkt in Wiesbaden einen:

Referent für den Bereich Inneres (gleich welchen Geschlechts)

Das Aufgabengebiet umfasst:

- Wissenschaftliche Ausarbeitung von Fachthemen in dem Bereich Inneres
- Unterstützung der fachpolitischen Sprecher der Fraktion, u.a. bei der Vorbereitung und Erstellung von parlamentarischen Anfragen, Pressemitteilungen, Gesetzesinitiativen und Redemanuskripten
- Beobachtung und Auswertung nationaler und internationaler Quellen
- Bewertung von Zusammenhängen und gründliche Recherche komplexer Vorgänge
- Wahrnehmung der Kontakte mit Einrichtungen, wissenschaftlichen Instituten, Ämtern und Behörden, soweit notwendig und erforderlich

Wir erwarten von Ihnen:

- Hochschulabschluss oder gleichwertige Fachkenntnisse
- Möglichst Kenntnisse parlamentsinterner Abläufe und Strukturen
- Grundkenntnisse der Positionen der AfD bezogen auf Hessen und bundesweit
- Hohe Identifikation mit den Zielen der AfD und politisches Gespür
- Talentiert im Aufbauen funktionierender Strukturen und Netzwerke
- Belastbarkeit, Organisationstalent, Zuverlässigkeit & Kommunikationsfähigkeit
- Rhetorische Fähigkeiten, schriftliche Ausdrucksfähigkeit
- Flexibilität & konzeptionelles, analytisches und strategisches Denken
- Team- & Kooperationsfähigkeit
- Motivationsfähigkeit und Entscheidungsfreude, starke Persönlichkeit
- Mindestens gute Kenntnisse in dem Bereich Inneres

Kontakt:

Ihre Bewerbung mit Ihren Gehaltsvorstellungen (Jahresbruttogehalt) und den frühestmöglichen Arbeitsbeginn senden Sie bitte ausschließlich per E-Mail in einer PDF-Datei mit maximal 10 MB an die AfD-Fraktion im Hessischen Landtag unter der E-Mail-Adresse afd-fraktion@ltg.hessen.de

Es handelt sich um eine Vollzeitstelle, die bis zum Ende der Legislaturperiode (31.01.2024) befristet ist.

Kosten, die mit der Bewerbung in Zusammenhang stehen, können nicht erstattet werden.

AfD-Fraktion im Hessischen Landtag
www.afd-fraktion-hessen.de · E-Mail: afd-fraktion@ltg.hessen.de

Quelle: AfD-Fraktion im Hessischen Landtag. URL: https://c816d4a8-ea73-4062-b152-5de19962722f.filesusr.com/ugd/0dbb82_2a8fd0d3ffc44bfb98dd2153f0554490.pdf – Download am 30.01.2020..

4.1 Anlage und Vorgehen

Wir haben in einem – längerfristig angelegten – Untersuchungsvorhaben für den Zeitraum vom 18. Januar 2019 (der konstituierenden Sitzung des Landtages der 20. Legislaturperiode) bis zum 18. Januar 2020 ein Jahr lang die parlamentarischen Aktivitäten der AfD beobachtet und untersucht. Das Projekt steht in der Tradition von Politikbeobachtung und Parlamentsstudien, und das Vorgehen folgt einem Mixed-Method-Design. Die empirischen Grundlagen bilden:

- die von der AfD eingebrachten Anträge – im Untersuchungszeitraum waren das insgesamt 107;
- die eingebrachten Kleinen und Großen Anfragen – im Untersuchungszeitraum waren das insgesamt 229 Kleine Anfragen und eine Große Anfrage;
- die eingebrachten Gesetzesentwürfe – im untersuchten Zeitraum war das ein Gesetzesentwurf;
- die eingebrachten Aktuellen Stunden – im untersuchten Zeitraum waren das insgesamt neun Aktuelle Stunden;
- teilnehmende Beobachtungen – in Beobachtungsprotokollen festgehalten – von Redebeiträgen (u. a. bei Anträgen, Aktuellen Stunden, Nachfragen, Stellungnahmen zu Regierungserklärungen, Zwischenrufen) und von Verhaltensweisen in mehreren ausgewählten Plenarsitzungen aus der Zuschauerperspektive. Im untersuchten Zeitraum gab es insgesamt neun Plenarwochen mit jeweils drei bis vier Sitzungstagen;
- dann die Präsentation (Stellungnahmen) des AfD-Landesverbandes und der Landtagsfraktion im Netz.[5]

Zentrales Erkenntnisinteresse der parlamentsbezogenen Landesstudie ist, empirisch akribisch die schriftlichen Dokumente und Beobachtungen zu präsentieren und zu klären, welche ideologischen Grundlinien, Themen und Fragen, Sprache und Verhaltensweisen (Umgangsformen) die AfD aus der Oppositionsperspektive in den Landtag einbringt. Es geht darum, wie die

AfD ihre Aktivitäten begründet und im parlamentarischen Betrieb agiert; wie ihre qualitativen (inhaltlichen) und quantitativen (zahlenmäßigen) Aktivitäten einzuschätzen sind; wie ihr Profil und ihre Veränderungsabsichten bzw. „Gegenangebote" für das Bundesland Hessen aussehen. Sie können als „externe Einflüsse" (Gille/Jagusch 2019) – als Versuche von außen, aus der Oppositionsperspektive – verstanden werden, die Landespolitik und Gesellschaft zu beeinflussen. Dabei interessiert mit Blick in andere Landtagsfraktionen bzw. die Bundestagsfraktion auch, wie sich die hessische Partei bzw. Fraktion im Spannungsfeld von gemäßigt-rechtskonservativer, populistischer und rechtsnationalistischer/rechtsextrem-völkischer Strömung in die parlamentarische Arbeit und öffentliche Debatte einbringt, positioniert und entwickelt.

Vorliegende Parlamentsstudien werden mit dieser Landesstudie ergänzt. Sie ist ein weiterer Baustein in der Aufklärung über das „mehrdimensionale Phänomen" im Spannungsfeld von Bewegungs- und Parlamentspartei, über die „Grammatik" und die Politik- und Rhetorikstrategien von rechten Populisten und von AfD-Fraktionen in Parlamenten (vgl. Butterwegge/Hentges/Wiegel 2018, Hafeneger et al. 2018, Schroeder et al. 2017, Ruhose 2019, Mudde/Kaltwasser 2019, Schroeder/Weßels 2019).

Darüber hinaus soll empirisches Wissen generiert und angeboten werden, das besser zu verstehen hilft, wie die nationalkonservative, populistische und extreme Rechte im parlamentarischen Raum – aber gleichzeitig auch als parlamentarischer „Arm" der vernetzten (neu)rechten Szene – denkt und agiert. Mit dieser Gebrauchswertperspektive sollen zugleich Hinweise und Anregungen gegeben werden, die helfen, sich mit den Inhalten und Argumenten, Strategien und Sprachmustern der AfD auseinanderzusetzen.

Die deskriptive Präsentation und kommentierende Auswertung (Deutung) des Materials aus der parlamentarischen Praxis steht methodologisch in der Tradition des hermeneutischen Zugehens, der „dichten Beschreibungen" (Geertz 1983) und „ungesättigten" Deutungen (Will 2016). Die strukturierende Vorgehensweise orientiert sich praxeologisch an den landespolitisch-ressortbezogenen Politikbereichen/Themenfeldern und wird mit den Themen, der Diktion und den Interessen anschaulich dargestellt.

4.2 Anträge und Anfragen

Zu den zentralen Kontrollrechten und Merkmalen von Oppositionsarbeit gehören in deutschen Parlamenten (Bundestag und Landtage) u. a. die Anträge, Kleinen und Großen Anfragen. Neben den Redebeiträgen im Plenum und in den Ausschüssen werden insbesondere die Kleinen Anfragen – als „Werkzeug" – v. a. von den Oppositionsparteien politisch genutzt; sie machen damit Politik und setzen sie als parlamentarisches Kontroll- und auch als „Kampfinstrument" ein. Sie können von jeder Partei, zu jeder Zeit und zu jedem Thema eingebracht werden, sie liegen schriftlich vor und werden dann als sogenannte Drucksache veröffentlicht und im Rahmen der Geschäftsordnung von der Exekutive (den zuständigen Ministerien und oft mit hohem Arbeitsaufwand) beantwortet; die Antworten liegen dann mit den Fragen im Rahmen bestimmter Fristen ebenfalls schriftlich vor. Dabei entscheiden die Abgeordneten oder Fraktionen darüber, welcher Informationen sie bedürfen und was sie kritisch anfragen wollen. Jede(r) Bürger*in kann jede Kleine Anfrage und die Antwort der Exekutive nachlesen. Einige ausgewählte Kleine Anfragen der AfD im Hessischen Landtag sind im Anhang abgedruckt.

4.3 Auswertung

Die Auswertung des schriftlichen Materials und unsere Beobachtungen ergeben ein durchaus differenziertes thematisches, semantisches und verhaltensbezogenes Bild. Die Dokumentation und Analyse – die konzeptionelle Ordnung – erfolgen nach politischen Sachgebieten und Themen. Dabei ist zu beachten,

dass es mit der hier gewählten Struktur und detaillierten Dokumentation – aufgrund der Überschneidungen von Politikbereichen – vereinzelt Doppelungen gibt und Aspekte auch mehrfach aufgenommen werden; das gilt v. a. für den Zusammenhang
von Migration/Asyl und „Ausländern" – der letztere Allgemein-
begriff wird wiederholt verwandt – mit Innerer Sicherheit/Kri-
minalität, aber auch für Bildung/Schule, Gesundheit, Gender
und Kultur sowie den Anträgen zum Haushalt. Zunächst werden die Aktivitäten materialnah vorgestellt und anschließend
mit einer verallgemeinerten Deutung (auch mit Blick in vorliegende Studien) versehen. Die Aktivitäten sind mit ihren Anträgen und Anfragen, ihrer Kritik und ihren Forderungen immer
auch Indikatoren für die Richtung der Politik. Die jeweiligen
Varianten und Zentren – die als Versuche der externen Thema-
tisierung und Einflussnahme im parlamentarischen Raum zu
verstehen sind – sind jeweils fett markiert.

Im untersuchten Zeitraum von der konstituierenden Sitzung des hessischen Landtags am 18. Januar 2019 bis 18. Januar
2020 hat die AfD-Fraktion insgesamt 347 Initiativen eingebracht. Im Einzelnen sind das 229 Kleine Anfragen und eine
Große Anfrage; beantragt wurden neun Aktuelle Stunden, eingebracht wurden ein Gesetzesentwurf und 107 Anträge – davon
betreffen 61 den Haushalt. Die eingebrachten Initiativen lassen
sich wie folgt zuordnen:

Initiativen der AfD vom 18. Januar 2019 bis 18. Januar 2020			
Kategorie	Kleine und Große Anfragen	Anträge, Aktuelle Stunden und Gesetzesentwürfe	**Gesamt**
Migration, Flucht, Asyl und „Ausländer"	34	0	**34**
Innere Sicherheit, Kriminalität	35	2	**37**
Finanzen, Wirtschaft, Verkehr	40	12	**52**
Umwelt, Natur und Energie	25	5	**30**
Extremismus und Linksextremismus	8	2	**10**
Soziales und Gesundheit	20	2	**22**
Schule und Bildung	24	11	**35**
Gender und Sprache	3	2	**5**
Familie und Kinder	9	1	**10**
Kultur, Geschichte und Kunst	12	3	**15**
Bund und EU	6	2	**8**
Landtag und Kommunen	14	14	**28**
Haushalt	0	61	**61**
Gesamt	**230**	**117**	**347**

Quelle: Eigene Zusammenstellung

4.3.1 Migration, Flucht, Asyl, „Ausländer"

In den 34 Kleinen Anfragen werden Migration, Asyl und so bezeichnete „Ausländer" thematisiert. Aufgenommen wird ein breites Themenspektrum, das sich in fünf Unterkategorien unterteilen lässt:

Kosten

In einer Kleinen Anfrage geht es um „Bürgschaften für Asylsuchende", d.h. die von Bürgern übernommenen Kosten. Gefragt wird nach den Bürgschaften in Hessen und ob sich das Land an dieser Kostenübernahme beteiligt. In der Großen Anfrage geht es dann um „Verpflichtungserklärungen und Erstattungsbescheide in Hessen" nach dem Asylbewerberleistungsgesetz. Dabei geht es um Kostenübernahme (Bürgschaft) von Dritten. Hier will die AfD-Fraktion wissen, wie viele, in welcher Höhe und welchem Umfang es diese gab.

Die Kleine Anfrage nach den „Regelleistungsberechtigten ausländischer Staatsangehörigen in Hessen" wird folgendermaßen begründet:

> „Die Flüchtlingskrise hat in anderen Bundesländern zu massiven Verschiebungen von Sozialleistungen geführt. So ist dort z.B. der Anteil der deutschen Leistungsempfänger gesunken. Die Anzahl von Leistungsempfängern anderer Nationalitäten aber erheblich gestiegen".

Bei der Anfrage „Geplante Pauschale für Flüchtlinge" geht es um den Bundeszuschuss zu den Kosten; hier will die AfD-Fraktion wissen, wie die Position der Landesregierung gegenüber dem Bund ist und „wie hoch die Kosten für Hessen pro Flüchtling" und die hessischen kommunalen Selbstverwaltungen sind.

In einer Anfrage geht es um die „finanzielle Förderung zur Erarbeitung kommunaler Integrations- und Vielfaltsstrategien", in einer anderen um die Umsetzung des Programmes „NesT" (Neustart im Team) in Hessen.

In einer kleinen Anfrage wird nach den „Asylunterkünfte[n] der Arbeiterwohlfahrt in Frankfurt/M." gefragt. Begründet wird die Anfrage damit, dass „die von der AfD-Fraktion im Römer beantragte Akteneinsicht [ergeben] hat, dass die Stadt Frankfurt in erheblichem Umfang Zahlungen an die AWO geleistet hat, die nicht nachvollziehbar bzw. nicht plausibel sind". Weiter wird vermutet:

> „Dabei ist der Eindruck entstanden, dass die AWO die ‚Notsituation' der Stadt, in kürzester Zeit eine große Zahl an Asylbewerbern unterbringen zu müssen, ausgenutzt hat, um überhöhte Rechnungen an die Stadt zu stellen bzw. Rechnungen für Leistungen, die nicht oder nicht in dem angegebenen Umfang erbracht wurden."

Gefragt wird nach einer „Kommunalaufsicht" und nach weiteren Fällen von „Zahlungen an Betreiber [...] ohne hinreichende Prüfung".

Gefährdung und Sicherheit

Hier geht es um die Betriebserlaubnis einer „Kindertagesstätte des muslimischen Fördervereins" in Kassel und den „Verdacht der ideologischen Nähe des Vereins zur Muslimbruderschaft". In einer breit angelegten Kleinen Anfrage geht es generell um „Muslimische Kindertagesstätten in Hessen"; u. a. mit Bezug auf die o. g. Kita Sonnenschein und den Träger – ein muslimischer Förderverein – in Kassel, der nach seiner Satzung der Muslimbruderschaft nahestehen soll.

In einer Anfrage in zwei Teilen geht es um ein „illegales Taxigewerbe in der Region Limburg"; gefragt wird nach etwa zehn Männern, die „illegale Fahrdienste" anbieten, und „bei denen es sich um Ausländer oder Migranten handelt, vor denen die Taxifahrer der Gegend Angst haben, offen gegen diese aufzutreten, weil sie Gewalt befürchten".

Die Planung einer „Türkischen Event-Halle" in Bad Camberg (Ortsteil Würges) wird einmal wegen dem möglichen „ständigen nächtlichen Lärm" und den „Verschmutzungen im Wohnumfeld" angefragt; dann auch nach der „Bildung von migrationsbedingten Parallelgesellschaften", „eigenen Angeboten für bestimmte Bevölkerungsgruppen" beispielsweise mit „Migrationsstatus" oder auch nach dem Schutz des Dorflebens.

Gefragt wird – mit Bezug auf einen Pressebericht, nach dem „die Zahl der Migranten in deutschen (hessischen) Justizvollzugsanstalten einen Höchststand" erreicht habe – nach „Ausländern in hessischen Justizvollzugsanstalten". Dabei geht es u. a. um deren Zahl, Herkunft, Migrationshintergrund und Kosten.

Bildung, Familie und Kinder

„Sprachkurse Migranten" und „Alphabetisierungskurse" – gefragt wird u. a. nach der Zahl der in Hessen lebenden Migranten „mit guter Bleibeperspektive", die „geduldet" sind, und mit „Aufenthaltserlaubnis", die an einem Integrationskurs teilgenommen und das Sprachniveau B1 bestanden haben.

In einer Anfrage in drei Teilen geht es um das „Qualifikationsniveau sowie die Ausbildungs- und Studiensituation von Flüchtlingen" – gefragt wird nach der Bildung und Ausbildung von Flüchtlingen zum Zeitpunkt der Einreise, der Förderung der Eingliederung sowie der Teilnahme an Maßnahmen, dann nach der erfolgreichen Teilnahme.

In vier Kleinen Anfragen geht es um unbegleitete minderjährige Flüchtlinge (oder „Ausländer"). Gefragt wird nach der Anzahl, den Einrichtungen, der Altersbestimmung, der „psychotherapeutischen Behandlung" und den „Kosten der Unterbringung in Jugendhilfeeinrichtungen"; weiter nach der Anzahl der „Fahndungen", den „erkennungsdienstlichen Maßnahmen" und der „Altersfeststellung", den „Verurteilungen" und „Haftstrafen" sowie dem „zeitweise nicht bekannten Aufenthaltsort" und der „Betreuungssituation".

Die AfD-Fraktion fragt nach „Ehegattennachzug", den „polygamen Ehen unter Ausländern", nach der Anzahl und dem Alter der verheirateten ausländischen Kinder und Jugendlichen, und wie viele „der minderjährigen verheirateten Migrantinnen in Hessen seit dem Jahr 2010 jeweils im Alter zwischen 14 und 16 Jahren selbst Kinder zur Welt gebracht haben".

Rückkehr und Abschiebung

Die Kleine Anfrage zu „In Hessen lebenden Menschen mit Schutzstatus" umfasst neun Fragen an die Landesregierung, die ersten sechs sind:

> „1. Aus welchem Grund wurden 6.720 Migranten geduldet und damit befristet vor einer Abschiebung geschützt?
> 2. Benennen Sie bitte die Gründe, warum bei 28.355 Migranten der Schutzstatus noch offen ist?
> 3. Wie hoch sind die Gesamtkosten pro Monat, bezogen auf die 6.720 Migranten, die vor einer Abschiebung geschützt sind?

4. Wie hoch sind die Gesamtkosten pro Monat, bezogen auf die 28.355 Migranten, deren Status noch offen ist?

5. Welche Maßnahmen hat die Landesregierung ergriffen, damit die Migranten, die keinen Schutzstatus haben, wieder in ihre Heimatländer verbracht werden?

6. Über welchen Zeitraum gedenkt die Hessische Landesregierung, die Duldung von 6.720 Migranten beizubehalten?"

Gefragt wird nach der „Freiwilligen Rückkehr" nach der Förderrichtlinie des Landes und der „freiwilligen Rückkehr nach REAG/GARB" in ihr Heimatland – nach der Anzahl, den Kosten und wie viele später wieder nach Deutschland eingereist sind oder „erneut einen Asylantrag gestellt haben". Weiter wird nach der „illegalen Einreisen per Luftweg nach Hessen" gefragt.

Eine Kleine Anfrage thematisiert die „Rückkehr von abgeschobenen Asylbewerbern nach Hessen". Interessiert wird sich für die Anzahl der „trotz Wiedereinreisesperre" wieder Eingereisten und die Personen, die eine „kriminelle Vorgeschichte [haben] bzw. ,polizeilich bekannt'" sind.

Die Kleine Anfrage zum „Heimaturlaub von Flüchtlingen" nimmt Bezug auf einen Bericht der BILD vom 17. August 2019; in ihm heißt es mit Bezug auf rechtliche Regelungen für anerkannte Flüchtlinge, subsidiär Schutzberechtigte, geduldete Personen u. a.:

„Wie viele anerkannte Flüchtlinge sind nach Kenntnis der Landesregierung aus dem Bundesland Hessen seit dem 01. Januar 2014 ausgereist, um das Herkunftsland, aus dem sie geflohen sind, aufzusuchen?

Ist der Landesregierung bekannt, ob die genannten Personen für diese Reisen in ihre Heimatländer Geldmittel aus öffentlicher Hand erhalten haben?

Hat die Landesregierung Kenntnis über die Verwendung von öffentlichen Geldmitteln für Heimreisen der genannten Personen?"

Sonstige

In einer Kleinen Anfrage zu „Russlanddeutschen in Hessen" geht es – in positiver Absicht – um die Spätaussiedler; u. a. wird nach deren Anzahl, den Jugendlichen mit russlanddeutschem Migrationshintergrund, den Beratungs- und Integrationsangeboten, dann nach der Verankerung deren Geschichte in den Lehrplänen, den geförderten kulturellen Projekten und deren Pflege gefragt.

In einer Kleinen Anfrage geht es um die „Auswanderung deutscher Staatsbürger", den Bildungsabschluss der Ausgewanderten oder die „Geschlechts- und Altersverteilung".

Gefragt wird, ob Mitarbeiter*innen „Verschwiegenheitserklärungen in Erstaufnahmeeinrichtungen", in denen „Migranten/Asylbewerber" untergebracht sind, unterzeichnen müssen.

Deutung

Diese migrationspolitische Themenfixierung – Migration, Flucht und Asyl gehören zu den Schlüsselthemen der AfD – dominiert qualitativ wie quantitativ die Aktivitäten, und die AfD-Fraktion bedient hier mit regelmäßigen Wiederholungen eines ihrer politisch-ideologischen Zentren und ihrer Gründungsmotive. Es sind vielfach harmlos und wenig aggressiv formulierte, in mehr technischer Diktion gehaltene Anfragen und Anträge. Mit ihnen werden v. a. Daten und Auskünfte abgefragt, die Landesregierung nach ihrer Position gefragt und zum Handeln aufgefordert; vielfach werden lokale oder auch öffentliche Debatten (oder auch Zeitungsberichte) aufgegriffen.

Zugleich sind die Anfragen mit einem Subtext verbunden, der ein aus Sicht der AfD zentrales politisches Thema aufnimmt, **Unterstellungen** formuliert, **Vermutungen** und vermeintliche **Probleme** sowie angeblich **gefährliche Entwicklungen** (Sicherheit, Kriminalität) sowie die **Kosten** aufzeigen und öffentlich machen soll. Wichtig sind ihr die **repressiven Maßnahmen**, die Kontrollen, Überprüfungen und Abschiebungen thematisieren. Einige Anfragen sind mit ihren Formulierungen und Begründungen eindeutig in ihren Ressentiments, ihren fremdenfeindlichen Einstellungen und inszenierten Bildern. Angeboten wird das Bild des „Kulturfremden", der nicht zu uns passt. Die AfD versucht damit, ein Thema, das auf ihr Klientel und Wählerpotenzial zielt, **skandalisierend und alarmistisch,** mit Empörung und Bedrohungskommunikation (Fake News) „am Kochen" und in der öffentlichen Diskussion zu halten. Ideologisch geht es um „Volk" und „Volksgemeinschaft", um Zugehörigkeit und Nicht-Zugehörigkeit, um ethnische Zugehörigkeitsmerkmale; und die AfD inszeniert sich als „Lobbypartei des Volkes".

4.3.2 Innere Sicherheit/Kriminalität

Zu diesem Themenbereich gibt es 35 Anfragen und 2 Anträge. Sie beziehen sich auf „Gewalt", „Polizei" und „Sicherheit":

Gewalt

In zwei Anfragen geht es um Gewalt in „hessischen Notaufnahmen gegen Rettungskräfte", Mitarbeiter*innen öffentlicher Einrichtungen und Polizeibeamte. Die Fraktion will wissen, wie viele Mitarbeiter*innen Opfer von körperlicher Gewalt (Anzahl, Straftaten, Tätergruppen, Herkunft) geworden sind, welche entsprechenden Schutzmaßnahmen getroffen und wie die Übergriffe erfasst werden.

Gefragt wird nach „Bedrohungen und Angriffen auf Politiker in Hessen", u.a. nach den Opfern, Tätern und dem Ermittlungsstand.

Zwei Anfragen thematisieren „Übergriffe auf Frauen in Hessen" und „Übergriffe in hessischen Schwimmbädern". Gefragt wird – mit Blick auf die Kölner Silvester-Ausschreitungen und einen Vorfall im hessischen Kreuztal – nach sexueller Nötigung, Vergewaltigung und Gruppenvergewaltigung. Dabei heißt es:

„Wie viele der Tatverdächtigen besitzen eine deutsche, eine zweite und wie viele keine deutsche Staatsbürgerschaft? Wie viele der nichtdeutschen Tatverdächtigen hatten den

Status Migranten (Zuwanderer), den Status Flüchtlinge und den Status Asylanten?. Und wie viele verfügten über eine Duldung?"

Auch für die gewalttätigen Badegäste wird gefragt, wie viele eine deutsche, eine zweite oder keine deutsche Staatsbürgerschaft besitzen.

Dann interessiert sich die Fraktion für eine „Messer-Attacke auf eine Schwangere" durch einen afghanischen Asylbewerber, dessen Asylantrag abgelehnt wurde. In einer Anfrage mit dem Titel „Vermehrte Messerangriffe in Hessen" wird u. a. nach der Anzahl der Messerangriffe, dem Hintergrund (rechts-, linksextremistisch oder islamistisch) und der Staatsangehörigkeit der Angreifer gefragt.

Weiter geht es in einer Anfrage um „Opfer von Loverboys" in Hessen, und die AfD interessiert sich v. a. für die Täter (u. a. Alter, Nationalität) und die Maßnahmen der Landesregierung.

Einen dringlichen Entschließungsantrag gibt es zum Thema „Gewaltfreien Wettkampf und sportliche Fairness sicherstellen". Der Landtag solle u. a. die „vermehrten Angriffe auf hessische Schiedsrichter bei Fußballspielen im Amateurbereich" verurteilen.

Polizei

In einer Anfrage zum Thema „Gelbwestendemonstration in Wiesbaden" wird sich u. a. nach dem Verhalten der Polizei erkundigt, die angeblich nicht in der Lage war „gegenüber vermummten Blockierern" Recht und Gesetz durchzusetzen.

In einer Anfrage mit zwei Teilen zum „Freiwilligen Polizeidienst" will die AfD u. a. die Anzahl, Orte, geleisteten Stunden, Auswahl und Eignung der Bewerber, dann deren Ausbildungskosten sowie die Anzahl der Strafanzeigen wissen. Weiter wird gefragt, zu welcher Bewertung die Landesregierung kommt und ob der freiwillige Polizeidienst weiter fortgesetzt werden soll.

Weiter fragt die AfD nach dem „Pakt für den Rechtsstaat"

der Großen Koalition und hier den Folgen – den neuen Stellen und Kosten – für Hessen; und sie will Auskunft über die Personalsituation und die Dienstbezüge der Landespolizei. In einer weiteren Kleinen Anfrage geht es um „Psychische Belastungen bzw. Erkrankungen und deren Folgen bei hessischen Polizeibeamten" sowie um die „Pensionen Hessische Landespolizei".

In zwei Kleinen Anfragen geht es um die „Situation der Wasserschutzpolizei in Hessen", etwa um die Ausbildung der Beamten, die Ausstattung und den Zustand der Boote sowie die Reparaturen und Wartungen.

Sicherheit

Sechs Anfragen thematisieren „Ausländische Gefährder in Hessen". Interessiert wird sich für die ausländischen, die rechtsextremen, die islamistischen, die linksextremistischen und sonstige Gefährder sowie die sogenannten Reichsbürger. Gefragt wird jeweils nach der Anzahl der Personen, der Gefährdungseinschätzung, den Straftaten und der Anzahl der Inhaftierten.

Dann geht es in einer Kleinen Anfrage um die „Gefahrenabwehrverordnung über das Halten und Führen von Hunden"; gefragt wird nach den „Beißvorfällen" in den letzten Jahren und den „Hunderassen". Dann wird die Umsetzung der „Verschärfung der europäischen Waffenrichtlinie" thematisiert und sich für die „Straftäter im Maßregelvollzug in hessischen Kliniken für forensische Psychiatrie" interessiert.

Eine Kleine Anfrage thematisiert den „Schutz von Beamten vor kriminellen Clan-Mitgliedern". Interessiert wird sich für die Schutzmaßnahmen und die Anzahl der Fälle in Hessen, „bei denen Beamte […] von Mitgliedern krimineller Clans direkt oder indirekt bedroht wurden".

Die AfD fragt nach der „Sicherheit jüdischer Einrichtungen in Hessen" – u.a. nach der Anzahl, den Schutzmaßnahmen, der Beratung, den Sicherheitsmängeln und den Kosten.

Gefragt wird nach der „Gefährdungseinschätzung der Landesregierung für das Land Hessen allgemein und für die Stadt

Gießen" mit der Formulierung „hinsichtlich einer Anschlagsgefahr fundamentalistischer bzw. extremistischer Täter oder Organisationen in Hinblick auf

    a. Veranstaltungen wie bspw. Stadtfeste oder Weihnachtsmärkte etc.?

    b. Versorgungseinrichtungen wie bspw. Trinkwasserversorger und Stromerzeuger etc.?"

Weiter befassen sich Kleine Anfragen mit „offenen nicht vollstreckten Haftbefehlen" in Hessen, u. a. differenziert nach „Mitgliedern der rechten Szene, der Islamisten und aus der linken Szene".

In zwei Kleinen Anfragen geht es um sogenannte „Shisha-Bars". Einmal wird der „illegale Boom" solcher Bars thematisiert und einmal die „Genehmigung und Überwachung von Shisha-Bars", u. a. aufgrund gesundheitlicher Risiken.

Deutung

Die Anfragen in diesem Themenbereich zeigen ein gemischtes Profil, und es werden vielfältige Gewaltphänomene aufgegriffen. Auch wenn sie vereinzelt mehr mit sachlich-technischen Informationsinteressen und Formulierungen verbunden sind, haben sie zugleich mit ihrer Fragerichtung und ihrem Subtext eindeutige Zielrichtungen. Die gesellschaftlichen Gewaltphänomene und Sicherheitsfragen werden wiederholt **ethnisiert** und **kulturalisiert** sowie mit (v. a. linken und religiösen) **extremistischen Gruppen** in Verbindung gebracht. Einzelfälle werden fragendverallgemeinert thematisiert und die angebliche **Bedrohungs- und Sicherheitslage** dem angeblichen Versagen der Politik sowie Defiziten in der Durchsetzung von Recht und Ordnung zugeschrieben und skandalisiert. Gemalt wird ein Bild der **Verrohung und Gewalt** in vielen gesellschaftlichen Bereichen sowie der Schuld und des Versagens der Politik.

Die AfD versucht, sich als Partei der Inneren Sicherheit zum **Anwalt der Sicherheitsbehörden** zu machen, um die sie sich angeblich sorgt und für deren Schutz, Interessen und Ausstattung sie eintritt. Sie **instrumentalisiert** Sicherheitsfragen und einzelne Vorfälle und versucht, sich zum **Anwalt von Opfern** – von Schiedsrichtern, Rettungskräften, Frauen und jüdischen Einrichtungen – zu machen.

4.3.3 Finanzen, Wirtschaft, Verkehr

In diesem Themenbereich gibt es 40 Kleine Anfragen und zwei Anträge. Sie umfassen eine Vielfalt von landespolitischen und lokalen Fragen mit unterschiedlicher Schwerpunktsetzung:

Verkehr/Internet

Verschiedene Anfragen beschäftigen sich u.a. mit der „Schiffbarkeit im Rhein", „WLAN-Hotspots", „LKW Parkplatzmangel an Autobahnen", „dem „Einsatz von nachfragegesteuerten autonom-fahrenden Bussen in Hessen (ÖPNV on demand)" oder „Rettungsgassen für ‚Gaffer' im Straßenverkehr".

Ferner geht es um „Lärmschutzmaßnahmen" an einer Brücke und die „Autobahnsperrungen während der IAA 2019" sowie die Aktivitäten von „Aktionsbündnissen" rund um die IAA. Eine aktuelle Stunde wird beantragt zum Thema „Messe-Aufsichtsratsvorsitzender Peter Feldmann gefährdet den IAA-Standort Frankfurt".

Mehrere Kleine Anfragen beschäftigen sich mit dem Lärm am Frankfurter Flughafen. Thematisiert wird einmal eine „Klage gegen den Lärmaktionsplan – Teilplan Flughafen Frankfurt/M.". Weiter geht es in zwei Anfragen um die „Lärmschutzmaßnahmen am Frankfurter Flughafen" und in einer Anfrage um die „Anbindung des Terminal 3 des Frankfurter Flughafens an den öffentlichen Schienen-Nahverkehr".

In einem Antrag wird „für ein freies Internet in einer freien Gesellschaft" plädiert sowie gegen Uploadfilter als Risiko einer automatisierten Zensur und zur Einschränkung von „Meinungs- und Informationsfreiheit" Stellung bezogen. Und die AfD argumentiert weiter: „Angesichts anhaltender Diskussionen über Menschenrechtsverletzungen und Defiziten bei der Rechtsstaatlichkeit in einigen Staaten der Welt ist die Einrichtung einer derartigen Infrastruktur ein Schritt in eine bedenkliche Richtung".

Eine Anfrage thematisiert die „Förderung öffentlicher WLAN-Hotspots in hessischen Städten und Gemeinden durch das EU-Förderprogramm WiFi-EU". Bericht erstattet werden soll zu den WLAN-Zugängen in öffentliche Einrichtungen und an öffentlichen Plätzen in Hessen und den jährlichen Betriebskosten. Außerdem wird nach der Beteiligung der Kommunen und der Landesregierung an diesem Förderprogramm gefragt.

Finanzen und Wirtschaft

In diversen Anträgen geht es etwa um „Arbeitsplätze im ländlichen Raum", „Bauschäden", „Rinderzucht", „Dosenpfand/Einwegpfand", „atypische und prekäre Beschäftigungsverhältnisse" oder um kommunale „Bagatellsteuern". Weiter formuliert die AfD-Fraktion Fragen zu „Entschuldungsfonds" für Kommunen, „Altablagerungen und Altstandorte" in hessischen Kommunen und zu der Position der Landesregierung zur CO_2-Steuer. Thematisiert wird der geplante „Kohleausstieg und die Auswirkungen auf Hessen" und die „Kostenentwicklung für das Land beim Bau des Teilchenbeschleunigers in Darmstadt".

In weiteren Anfragen geht es um die „Situation hessischer Unternehmen und Steuereinnahmen" mit Bezug auf Steuervermeidung (Steueroasen) in der EU, dann um die Umsetzung des „Digitalisierungspaktes" und um „ein gerechtes und einfaches Modell der Grundsteuer". Gefragt wird nach der „Verschuldung und Zinsbelastung" des Landes, den Gründen für „befristet beschäftigte Frauen beim Land". Dann geht es um die Finanzierung der Krankenversorgung für Häftlinge", die „ungerechtfertigte[n] Steuervorteile für die öffentlich-rechtlichen Sender" und den „steuerlichen Querverbund".

Drei Anfragen beschäftigen sich mit dem Wohlfahrtsverband Arbeiterwohlfahrt (AWO). Interessiert wird sich für die

„Verträge des Landes Hessen mit der Arbeiterwohlfahrt (AWO)" und die „Prüfung der Voraussetzung für eine Steuerbefreiung nach §52 AO bei der Arbeiterwohlfahrt (AWO) Frankfurt", da aufgrund finanzieller Unregelmäßigkeiten die Voraussetzungen für die Anerkennung der Gemeinnützigkeit des Verbands nicht mehr erfüllt seien. Weiter geht es um die „Vorgänge um die Kreisverbände Frankfurt/M. und Wiesbaden der AWO".

Gefragt wird „im Hinblick auf die überhöhten Gehälter bei einigen Beschäftigten der Frankfurter Arbeiterwohlfahrt (AW)" nach weiteren „Abweichungen vom TV-H im Land Hessen", v.a. nach Höherstufungen bei den Entgeltbezügen.

In einer weiteren Anfrage geht es um die „Aberkennung der Gemeinnützigkeit nach der Abgabeordnung (AO)". Bezogen wird sich hierbei auf eine Medienberichterstattung, nach der der Verein „Bundesvereinigung der Verfolgten des Naziregimes – Bund der Antifaschistinnen und Antifaschisten" die Gemeinnützigkeit aberkannt bekommen hat. Gefragt wird u.a. nach den Maßnahmen der Finanzbehörden des Landes zur Überprüfung von als gemeinnützig anerkannten Vereinen.

Zwei Anfragen thematisieren die finanzielle Situation von Kirchen. Einmal wird nach der „Finanzielle[n] Unterstützung des ökumenischen Kirchentags 2021 durch das Land Hessen" gefragt und einmal nach der „Einziehung der Kirchensteuer durch Finanzbehörden des Landes Hessen".

Weiter wird nach dem Stand der „Sanierungsmaßnahmen am IG-Farbenhaus der Goethe Universität Frankfurt" gefragt und warum „kein nennenswerter Fortschritt in der Fassadensanierung festzustellen" sei.

Eine Kleine Anfrage gibt es zur „Finanzielle[n] Belastung durch Ausbildungsabgabe für Pflegeheime" im Rahmen des Pflegeausbildungsfonds, der „ursprünglich der Fachkräftesicherung dienen" sollte. Gefragt wird u.a. nach den Maßnahmen der Landesregierung, „einer finanziellen Überlastung kleinerer Pflegeeinrichtungen durch den Pflegeausbildungsfonds vor[zu]beugen".

Die AfD will – so ein umfänglicher Antrag – „Hessen zu einem attraktiven Zukunftsstandort für eSports machen". Die Landesregierung wird u. a. aufgefordert,

- „die ehrenamtliche Arbeit und Vereinsgründungen im eSports-Bereich anzuerkennen und durch geeignete Maßnahmen zu unterstützen,
- Den Dialog mit der in Hessen ansässigen Computer- und Gamesbranche sowie dem organisierten Sport zu suchen und Möglichkeiten einer gemeinsamen Kooperation mit dem Ziel zu erörtern, welchen möglichst effektiven Beitrag die Politik dafür leisten kann, dass sich der eSports in Hessen erfolgreich entwickelt und professionalisiert,
- Ein ganzheitliches Förderprogramm zur Förderung des eSports mit einem Volumen von 2 Mio. € jährlich aufzulegen [...]".

In einer Kleinen Anfrage geht es um „Friseursalons mit und ohne Meisterbrief in Hessen" mit dem Fokus auf sogenannte „Barbiere". Gefragt wird etwa nach der Bewertung der Landesregierung zur „sichtbaren Zurückdrängung des klassischen Friseursalons durch sogenannte ‚Barbiere'".

Deutung

Neben harmlos-sachlich wirkenden Formulierungen in Anfragen und Anträgen gibt es auch hier Subtexte, wenn z. B. von rechts die Netzfreiheit (Freiheitsrechte) und Menschenrechte reklamiert und **instrumentalisiert** werden. Dann positioniert sich die AfD wirtschaftsfreundlich und vermeintlich im **Interesse der heimischen Wirtschaft und des Handwerks/der Fachkräfte und des Standorts Hessen**; und in einem angeblich nationalstaatlichen Interesse geht es mit einem **nationalistischen Unterton** gegen die EU, eine Weiterentwicklung der europäischen Verfasstheit und von Zuständigkeiten. Wiederholt wird nach den **Kosten** für die Wirtschaft, die Beschäftigten und das Land gefragt; aufgegriffen wird der **AWO-Skandal**, und gefragt

wird nach den Folgen des **VVN-Urteils** oder der **Kirchensteuer.**
Dies zeigt an, was die AfD öffentlich machen bzw. **aufdecken**
will; was sie **bezweifelt** und **infragestellt.**

4.3.4 Umwelt, Natur und Energie

Der Klimawandel und Klimaschutz, die Windkraft und Energiewende sowie Auswirkungen des Klimawandels werden in 25
Anfragen und 5 Anträgen aufgegriffen.

Klima

In einem Dringlichen Berichtsantrag zum „Klimawandel –
Klimaschutz" wird – mit Blick auf die Ursachen – mit angeblichen wissenschaftlichen Quellen bzw. Hinweisen argumentiert, die nach der AfD die „Unumstrittenheit" des menschen-
gemachten Klimawandels kritisieren. Ins Spiel gebracht werden andere Quellen, so der „erdgeschichtliche Klimawandel"
und Einflussfaktoren wie Sonnenaktivität, kosmische Strah-
lung, Erdmagnetfeld und Meeresströmungen.

In einer Kleinen Anfrage geht es um „Treibhausgase und
Wirksamkeit von „Klimaschutz-Maßnahmen" mit dem Tenor,
dass „es derzeit keinen empirischen Hinweis gibt, dass sämtliche bisherige globale Klimaschutzmaßnahmen den Anstieg
von CO_2 auch nur annähernd gebremst haben, im Gegenteil".
Die AfD-Fraktion will von der Landesregierung u. a. wissen:

„Warum hält sie es für gerechtfertigt angesichts bestehen-
der modellbedingter Unsicherheitsfaktoren, mit ‚Klimaschutzmaßnahmen'" tief in das wirtschaftliche und gesellschaftliche Leben einzugreifen.

„Welchen Einfluss auf die globale Mitteltemperatur haben
die hessischen Klimaschutzmaßnahmen in der Zukunft,
wenn man diese isoliert betrachtet und man von einem
‚Weiter-so-wie-bisher' ausgeht"?

„Stehen ihre Klimaschutzmaßnahmen mit den enormen regulativen, volkswirtschaftlichen, betriebswirtschaftlichen und gesellschaftlichen Einschränkungen in einem günstigen Verhältnis zueinander?"

„Was verstehen sie unter den Begriffen ‚Klimawandel', ‚Klimakrise' und ‚Klimanotstand'?"

Die vier Kleinen Anfragen zu „positiven Auswirkungen des Klimawandels" beziehen sich auf die „Bauwirtschaft", den „Verkehr", „Weinbau und Landwirtschaft" und auf „Wohnen und Mieten". Damit sollen die positiven Effekte hervorgehoben und soll gezeigt werden, wer (Wirtschaft und Privatpersonen) bzw. welche Branchen in Hessen vom Klimawandel profitieren. So geht es u.a. um die positiven Effekte bei den „Schlechtwettertagen" im Baugewerbe, die „Frosttage" im Verkehr (mit weniger Unfällen und Verkehrstoten, weniger Streusalz, der Einsparung von Personal und Betriebskosten), dann um „Heizungs- und Wohnnebenkosten" sowie die „Weinqualitäten" bzw. Ertrags- und Qualitätssteigerung in der Landwirtschaft und im Weinbau.

Energie

Drei Anfragen zu „Windenergieanlagen" thematisieren den Ausbau von Erneuerbaren Energien, den Flächenverbrauch und Rückbau. Gefordert wird in einem Antrag ein – so der Titel – „Ausbaustopp für „Erneuerbare Energien", denn man will – Mensch und Natur vor ‚Klimaschutz' schützen". Nach der AfD steckt die „sogenannte Energiewende in der Krise" und „zum Zeitpunkt maximaler Klimahysterie kommt der Windkraftaufbau praktisch zum Stillstand". Gefordert wird eine „kritische Bestandsaufnahme", konstatiert werden eine „eklatante Zielverfehlung" und die „immensen Kosten" sowie das „Fehlen tragfähiger Lösungen". Gefordert wird der Bau von Kraftwerken, und dass die Ausbauziele für „Erneuerbare Energien" nicht weiterverfolgt werden, dass der Naturschutz, der Schutz von Waldgebieten, Tier- und Artenschutz Priorität vor „Klimaschutz" haben müssen. Wörtlich heißt es in dem Antrag u. a.:

> „Der Landtag stellt fest, dass aufgrund des geringen deutschen Anteils an den globalen CO_2-Emissionen deutsche ‚Klimaschutzbemühungen' nur durch eine positive Beispielwirkung für andere Länder sinnvoll sein können. Deutscher ‚Klimaschutz', der mehr kostet und weniger bringt als in anderen Ländern, ist in jeder Hinsicht sinnlos und gefährdet Deutschland als Industriestandort."

In zwei Anfragen geht es um die „Entsorgung von Windkraftanlagen" und mögliche „Finanzierungslücken beim Rückbau von Windkraftanlagen"; u. a. geht es um Anlagen und Verfahren der Entsorgung, dann um die Sicherheitsleistungen der Betreiber für den Rückbau und mögliche Kosten für das Land. Eine weitere Anfrage thematisiert die „Genehmigung von Windenergieanlagen auf Flächen, die im Teilplan Erneuerbare Energien als Ausschlussflächen ausgewiesen wurden", um „Befristete Genehmigungen für Windenergieanlagen" und einer damit zusammenhängenden Verringerung der „naturschutzrechtlichen Kompensationserfordernis".

Weiter geht es in einer Kleinen Anfrage um die „Mindestabstände von Hochspannungsleitungen" und die „Zielabweichung vom Landesentwicklungsplan (LEP)" bei der Planung eines neuen Stadtteils („Josefstadt") in Frankfurt/M..

„Naturschutz" und Biodiversität

In einer Anfrage geht es um die „Bodenversiegelung und das Grundwasser" in Hessen. Gefragt wird weiter nach der Menge und den Kosten von „Kunststoffabfällen in Hessen", nach „Mikroplastik" und den Folgen für Fußballplätze aus Kunstrasen. Danach seien „viele Sportanlagen in hessischen Kommunen von der Schließung oder ‚Umrüstung' bedroht".

Zwei Kleine Anfragen beschäftigen sich mit „Wildbestäubern" und – vor dem Hintergrund des Volksbegehrens in Bayern – mit der „Entwicklung der Insektenpopulation und Biodiversität". Gefragt wird nach den Bienenvölkern und Insekten, der Biomasse und der Artenvielfalt und „in Hessen soll es ebenfalls ein Volksbegehren nach bayerischem Vorbild geben".

Gefragt wird nach der „Gefährdung der Biodiversität in Hessen v. a. durch Maismonokulturen" und nach der „Bodenerosion durch Maisanbau", weil immer mehr landwirtschaftliche Flächen für den Maisanbau genutzt und in Biogasanlagen für die Erzeugung von erneuerbarem Strom verwendet würden. Dann will die AfD mit Blick auf die schwierige Lage der Waldbesitzer in einem Dringlichkeitsantrag „Waldbesitzer stärken, neuen Wald naturgemäß fördern". Sie spricht von einer „Serie von Kalamitäten" – und sie meint damit Sturm, Borkenkäfer und Dürre – in den Jahren 2018/19

„als eines der größten Schadereignisse der letzten 30 Jahre. Wir erleben eine ökonomische Katastrophe, die in vollem Umfang nicht zu beziffern ist. [...]. Der Landtag erkennt, dass es in dieser ökonomisch desaströsen Situation neben den finanziellen Hilfen des Landes und des Bundes, auch zwingend nötig ist, eine funktionierende Naturverjüngung anzustreben. Dazu muss der derzeitige Reh- und Hirschbestand für mindestens zehn Jahre deutlich reduziert werden, damit ein ‚waldverträglicher' Wildbestand entsteht. [...]. Dabei können durch Naturverjüngung gemischte, stabile und ökologisch nachhaltige Bestände entstehen, die nachfolgenden Generationen eine gute Waldwirtschaft ermöglichen".

Deutung

In diesem Themenbereich wird eine ideologisch-programmatische Grundlinie der AfD deutlich, die sich v. a. in der **Leugnung** des anthropogenen (von Menschen gemachten) Klimawandels (insbesondere durch CO_2-Ausstoß) und der angeblichen **Wirkungslosigkeit** von Klimapolitik bzw. Klimaschutzmaßnahmen manifestiert. Sie leugnet mit Desinformation, suggeriert und imitiert Seriosität, in dem man mit angeblichen Expertenmeinungen (sogenannte Experten oder Institute wie das „Eike-Institut" oder die US-amerikanische Lobby-Organisation „Heartland" findet man immer) und wissenschaftlichem Wissen bzw. „Fakten" der Klimaforschung vorwirft, methodisch zweifelhaft zu arbeiten. Der Klimawandel ist – und war schon immer – für die AfD von der Natur gemacht,; „weil das Klima sich wandelt, seit es eine Atmosphäre auf der Erde gibt". In **Verkehrung** der Tatsachen werden die angeblich positiven Seiten des Klimawandels hervorgehoben.

Weiter profiliert sie sich als Partei der Bürger*innen („den Deutschen soll noch tiefer in die Tasche gegriffen werden") und mit Blick auf traditionelle Interessen als wirtschaftsfreundliche Partei, so mit der Forderung nach einem Ende des Braunkohleausstiegs, der und dem Hinweis auf die Sorgen der Waldbesitzer. Zugleich ist sie eine modernisierungsfeindliche Partei und bekämpft v.a. den Ausbau von Windkraftanlagen. Auch mit der Forderung nach einem Volksbegehren (in der Denktradition eines gegen die repräsentative Demokratie gerichteten „Volkswillens") geriert man sich als Anwalt von Bürgerinteressen, der Natur und Artenvielfalt.

4.3.5 Extremismus/Linksextremismus

Zwei Anträge und acht Anfragen beschäftigen sich mit Extremismus – insbesondere mit dem Linksextremismus und dem extremen Islamismus.

In einem Dringlichen Berichtsantrag mit dem Titel „Goethe-Universität: ‚Meldestelle Rechtsextremismus'" geht es um die Meinung der Landesregierung „zur Gründung einer ‚Task-Force', zur Einrichtung einer Meldestelle und zur Abhaltung regelmäßiger Informationsveranstaltungen rein gegen Rechtsextremismus" sowie um die „extremistischen Vorkommnisse jeder

Art an der Universität". Dabei bezieht sich die Fraktion auf die Berichterstattung der Frankfurter Rundschau zur „öffentlichen Denunziation" einer Person während des Lehrbetriebs, die bezichtigt wurde „der rechtsextremen ‚Identitären Bewegung' anzugehören". Die Fraktion thematisiert:

> „Das Handeln der sogenannten Aktivisten, welches eindeutig als linksextrem zu bezeichnen ist, wird in keinster Weise sanktioniert, sondern stattdessen für gut befunden und als Grundalge genutzt, um den Kampf gegen den Rechtsextremismus auszuweiten, obwohl hier offener Linksextremismus ausgelebt wurde.
>
> Extremismus ist in jeglicher Couleur zu unterbinden und die Neutralität der hessischen Bildungs- und Hochschuleinrichtungen zu wahren."

In einem dringlichen Entschließungsantrag mit dem Titel „Für die konsequente Bekämpfung jedweder Form des Extremismus" wird der Landtag dazu aufgefordert, „jede Form des Extremismus mit Entschiedenheit" zurückzuweisen. Er solle sich „zu seiner Verpflichtung hinsichtlich der konsequenten Bekämpfung des islamistischen Extremismus, Linksextremismus sowie Rechtsextremismus" bekennen, entsprechende Maßnahmen zur „effektiven Bekämpfung" befürworten und „die Initiierung von Aktionsprogrammen" unterstützen.

Zwei Anfragen der AfD-Fraktion nehmen die vermeintliche „Rufmordkampagne (‚Schröter raus')" an der Frankfurter Goethe-Universität in den Blick. Die Gruppierung „AMR – Kein Platz für Anti-Muslimischen Rassismus" kritisiere die geplante Konferenz von Susanne Schröter zum Thema „Das islamische Kopftuch, Symbol der Würde oder der Unterdrückung". Die Organisatoren der Kampagne – „mutmaßlich moslemische und linke Studenten der Goethe-Universität" – würden der Professorin „anti-muslimischen Rassismus" vorwerfen. In der kleinen Anfrage „Goethe-Universität Frankfurt: „Besorgniserregender Trend gegen die Meinungsfreiheit" wird nach den Aktivitäten der Landesregierung zum Schutz „des Grundgesetzes an hessischen Universitäten und Hochschulen" und dem „Schutz der Meinungsfreiheit" gefragt. Eine Frage lautet: „Welche Hilfs- oder Unterstützungsmaßnahmen gibt es seitens der Landesregierung für Universitäten und Hochschulen im Hinblick auf linksextreme Bedrohungen?" Die Vorfälle an der Universität seien „exemplarisch für Versuche, mittels Einschüchterung eine linke Diskurshoheit an Universitäten und Hochschulen durchzusetzen".

Die Kleine Anfrage mit dem Titel „Goethe-Universität Frankfurt: Erneute Beschneidung der Meinungsfreiheit" thematisiert ebenfalls die „Mobbing-Kampagne" der Gruppierung „AMR – Kein Platz für Anti-Muslimischen Rassismus". Die Fraktion interessiert sich u.a. dafür, ob Personen dieser Gruppierung dem linksextremen oder dem „radikal islamischen Spektrum (Milli Görres etc.)" angehören und „welche Maßnahmen zum Schutz von Prof. Schröter getroffen wurden". Gefragt wird auch: „Ist bekannt, wie viele Studenten der Goethe-Universität Frankfurt einer linksextremistischen [bzw. einer „muslimischen-extremistischen"/„rechtsextremistischen"] Gruppierung zuzuweisen sind?".

In einer Kleinen Anfrage geht es um die „Gefährdungslage durch Linksextremismus an Schulen". Bezogen wird sich hier auf ein schulisches Bildungskonzept der „Antifaschistischen Bildungsinitiative" (Antifa-BI). Gefragt wird nach dem Kooperationsverhältnis zwischen dem Hessischen Kultusministerium und der Initiative sowie nach der Vereinbarkeit der schulischen Aktivitäten der Antifa-BI mit dem Beutelsbacher Konsens, der Lehrkräfte zur Wertneutralität und gegen Indoktrination verpflichte. Weiter interessiert die AfD-Fraktion die Präventionsmaßnahmen an Schulen gegen linksextremistische oder linksradikale Aktivitäten und die „gezielte Anwerbung von Schülerinnen und Schülern durch ‚Antifaschistische' Bewegungen (Antifa) in Schulen".

Drei Anfragen setzen sich mit dem radikalen/extremen Islamismus auseinander: Eine kleine Anfrage beschäftigt sich mit den „Beratungsstellen für ausstiegsbereite, radikale Islamisten". Interessiert wird sich für die Art der staatlichen Förderung, die Qualifikationen des Fachpersonals, die Sprachkenntnisse der Berater*innen, die Anzahl der Klient*innen, die Erfolgsquote und die Zusammenarbeit mit Moscheen. In zwei Anfragen – sowohl die Titel als auch die Vorbemerkungen sind identisch – geht es um „Kinder von IS-Anhängern in Hessen/ Rückholung von Kindern deutscher IS-Anhänger nach Hessen". Bei der Rückführung von Kindern deutscher IS-Anhänger sei zu berücksichtigen, dass nicht nur „männliche Kämpfer als potenzielle Gefährder zu betrachten" seien, sondern auch Frauen, die „mitunter an Gräueltaten beteiligt waren", und „IS-Kinder". In der ersten Anfrage wird sich nach der Anzahl dieser Kinder in Hessen, der psychiatrischen Betreuung, der Aufnahme und der Anzahl der Waisen sowie nach den Schutzmaßnahmen „vor weiteren Indoktrinationen, wie z. B. Salafisten" erkundigt. Gefragt wird in der zweiten Anfrage u. a. nach „in Deutschland lebenden volljährigen nahen Verwandten", der differenzierten Aufschlüsselung nach „Vollwaisen oder Halbweisen", den Kosten der „Rückholung dieser Kinder", dem Alter der Kinder, der Art der Betreuung und: „Wie will die Hessische Landesregierung einer möglichen Gefährdung seitens der Kinder begegnen?"

In einer Anfrage geht es um die „Radikalisierung in hessischen Gefängnissen". Gefragt wird nach den Unternehmungen, „um Radikalisierungsversuche in Haftanstalten zu verhindern", und nach Überwachungsmaßnahmen nach der Haftentlassung.

Weiter beschäftigen sich zwei Kleine Anfragen mit der „Einstellung der Förderung der Informationsstelle Antisemitismus in Kassel", den Hintergründen für die Schließung dieser Informationsstelle und Ausweichmöglichkeiten für Betroffene und Interessierte.

Deutung

Bei Anträgen und Anfragen dieses Themenkomplexes bezieht sich die AfD primär auf die Berichterstattung regionaler und überregionaler Tageszeitungen (BILD-Zeitung, F.A.Z., Welt etc.) oder auf Verfassungsschutzberichte – etwa indem lange Textpassagen zitiert werden. Sie positioniert und inszeniert sich als **Garantin und Hüterin der Verfassung** und von Grundrechten (Meinungs- und Lehrfreiheit), die sie von links/linksextremistischen und radikal-islamistischen Aktivitäten **bedroht, gefährdet** und in Gefahr sieht, und die von politischer Seite lange Zeit unterschätzt und verharmlost worden seien.

Die AfD sieht eine **linksextreme Bildungswelt** (Hochschule und Schule), und demokratie- und ausstiegsfördernde Projekte und Aktivitäten sowie engagierte Akteur/-innen in Schule und Zivilgesellschaft werden – mit detaillierten Fragekatalogen – generell als **links/linksextremistisch** eingestuft, angefeindet und **denunziert**. Es wird der Eindruck vermittelt, dass insbesondere im Bildungssektor – in Schulen und Universitäten – eine linke Diskurshoheit und ideologische Einflussnahme vorherrsche, die dem **Neutralitätsauftrag von Bildungseinrichtungen** widerspreche. Die AfD bietet hier eine politisch-instrumentalisierte Sichtweise des Neutralitätsgebotes (des „Beutelsbacher Konsenses") an und will damit verhindern, dass sich (politische) Bildung und demokratiefördernde Akteure kritisch mit der AfD auseinandersetzen.

4.3.6 Soziales und Gesundheit

Die AfD-Fraktion befasst sich in mehreren Anträgen und Anfragen mit sozialen und gesundheitspolitischen Fragen und Themen:

Soziales

Sozialpolitisch geht es ihr um das „Prostituiertenschutzgesetz" und die „Zuständigkeiten für den Vollzug des Prostituiertenschutzgesetzes" sowie die Verantwortlichkeit der „Bürgermeister als örtliche Ordnungsbehörde in Gemeinden". Gefragt wird nach der finanziellen Unterstützung der Städte und Gemeinden, der Anzahl der erteilten und abgelehnten Stellvertretungserlaubnisse nach §13 ProstSchG, nach Verstößen gegen Sicherheit und Gesundheitsschutz, nach Bußgeldern oder dem Umfang der Überwachung.

Eine Kleine Anfrage beschäftigt sich mit der „Veruntreuung beim Arbeiter Samariter Bund in Millionenhöhe – Förderung von Projekten durch die Hessische Landesregierung". Mit Bezug auf einen Pressebericht über angebliche „Falschabrechnung und Unterschlagung in Millionenhöhe" fragt die Fraktion nach der Vertrauenswürdigkeit des ASB, dem Umfang der Prüfungen einzelner Projekte und der zukünftigen Zusammenarbeit der Hessischen Landesregierung mit dem ASB.

In einer Anfrage geht es um „Fehlbelegungen in Sozialwohnungen nach Wohnbindungsgesetz". Es wird u. a. nach der Anzahl und der Größe dieser Wohneinheiten, der fehlbelegten Fläche und nach der zukünftigen Entwicklung solcher Wohnungen gefragt.

Die Fraktion bringt einen Gesetzentwurf zur „Änderung des Landesblindengeldgesetzes" ein. Sie setzt sich dafür ein, dass minderjährige blinde Menschen den gleichen Prozentsatz an Blindenhilfe erhalten wie Volljährige, denn „der ggf. geringere Bedarf durch das Leben im elterlichen Haus wird durch erhöhten Bedarf für den Zugang zu speziellen Medien und dem Teilhaben an der Gemeinschaft aufgewogen". Weiter solle das Gesetz dahingehend geändert werden, dass die Leistungen im Rahmen des Blindengelds unbefristet sind.

In drei Anfragen geht es um Gewalt gegen Frauen: Einmal wird auf die mangelnden Plätze in Frauenhäusern aufmerksam gemacht. Von Interesse sind u. a. die Unterstützung der Landesregierung bei der Implementierung neuer Plätze, die finanzielle Förderung, die Zukunftsaussichten der Betroffenen und Präventivmaßnahmen sowie die „Zugangszahlen von Frauen mit Migrationshintergrund". Weiter geht es in einer Anfrage um die

„Häusliche Gewalt und Partnerschaftsgewalt sowie die Situation von Frauenhäusern in Hessen". Auf der Grundlage einer Internetquelle wird Folgendes geschlossen: „Somit lässt sich klar statistisch und wahrscheinlichkeitsrechnerisch Aussagen [sic!], dass häusliche Gewalt und Partnerschaftsgewalt besonders Menschen [ohne deutschen Pass – d. Verf.] häufiger betreffen, als Menschen mit deutschem Pass." Die Anfrage der Fraktion diene „der Aufklärung, ob im integrativen Bereich der Politik, gerade bei häuslicher Gewalt, mehr Aufklärung und Hilfe für die betroffenen Frauen notwendig ist". Gefragt wird nach den Belegungszahlen in Frauenhäusern und der Herkunft der dort Untergebrachten. Eine weitere Anfrage beschäftigt sich mit der „Sicherstellung der Umsetzung des ProstSchG" (Prostituiertenschutzgesetz). Gefragt wird nach der Sicherstellung einer Beratung in der Sprache der „Opfer von Kriminalität und Menschenhandel".

Gesundheit

Gesundheitspolitisch interessiert sich die AfD-Fraktion u. a. in drei Kleinen Anfragen für die Ausbreitung von Krankheiten: Einmal bezieht sie sich auf die Berichterstattung der Frankfurter Rundschau zum „deutlichen Anstieg von Krätzefällen in Hessen". Sie fragt nach den „Krätze- bzw. Skabiesfällen […] in den Jahren 2006 bis 2018", nach den Maßnahmen der Landesregierung zur Eindämmung der Krankheit, den Kosten oder der Weiterleitung der Meldedaten an das Robert-Koch-Institut. Außerdem wird gefragt: „In welchen Einrichtungen sind 2018 Skabiesfälle bekannt geworden (bitte nach Schulen, Obdachlosenunterkünften, Einrichtungen zur gemeinschaftlichen Unterbringung von Asylbewerbern usw. aufschlüsseln)?" oder „Welche Personengruppen sind besonders betroffen (bitte nach Herkunftsland aufschlüsseln)?". Dann geht es um „Vorbeugende Maßnahmen zum Schutz von Ausbreitung der afrikanischen Schweinepest" und um Hinweisschilder an vielbefahrenen Strecken zur „Warnung vor den Gefahren weggeworfener Lebensmittel im Zusammenhang mit der afrikanischen Schweinepest".

Die AfD interessiert sich weiter für die Bestrebungen der hessischen Landesregierung, ein Fehlbildungsmonitoring bei Neugeborenen einzuführen, welches „bei der Ursachenforschung für Fehlbildungen entscheidende Hinweise liefern" könnte.

Gefragt wird nach den strukturellen Hürden bei der Organspende, wie etwa die finanzielle Unterstützung für die hessischen Entnahmekliniken bei der Kostendeckung für verlängerte Liegezeiten auf der Intensivstation. Weiter fragt die Fraktion nach der „Rechtsaufsicht Psychiatrie Frankfurt Höchst" vor dem Hintergrund von gravierenderen Mängeln in der Akutpsychiatrie nach in Bezug auf die der Zusammenarbeit des Ministeriums für Soziales und Integration mit dem Medizinischen Dienst der Krankenkassen, der für die Kontrolle und Qualitätssicherung zuständig ist.

Zwei Anfragen beschäftigen sich mit „Versorgungsengpässen" bei Medizinprodukten – hervorgerufen durch das Inkrafttreten der europäischen Medizinprodukteverordnung – bzw. von Medikamenten durch die „Verlagerung der Herstellung von – u.a. patentfreien – Wirkstoffen in das Ausland, u.a. China und Indien".

In drei Kleinen Anfragen geht es um den „Lebensmittelskandal" der „Wurstfabrik Wilke". Von Interesse sind der Anstieg der Listeriose-Erkrankungen, die Maßnahmen zum Schutz der Menschen in Pflegeheimen und Gesundheitseinrichtungen, „Gesundheitszeugnisse der Arbeiter im Lebensmittelbetrieb" und (un-)angekündigte Mitarbeiter- und Betriebskontrollen durch das Gesundheitsamt.

Weiter geht es um „Hygienische- und qualitative Mängel in der Vitos Klinik für Psychiatrie und Psychotherapie Herborn". In der Vorbemerkung heißt es: „Weitere Missstände wurden von Patienten [...] an uns herangetragen." Dazu zählen etwa „kaltes Mittagessen", unzureichende Reinigungsmaßnahmen, „Therapieausfälle" und mangelnde „psychotherapeutische Betreuung" sowie „nicht ausreichend gesicherte Sicherungskästen und defekte Geräte im Sportraum". Interessiert wird sich für den Umfang der Kontrollen und die Einbindung des Hessischen Ministeriums für Soziales und Integration.

In einer Anfrage wird sich nach der Situation in „Sozialpädiatrischen Zentren in Hessen" erkundigt, etwa nach der Anzahl der derzeit behandelten Kinder oder der Wartezeit bis zum Behandlungsbeginn.

Eine Anfrage gibt es zur „Finanziellen Förderung nach dem Hessischen Krankenhausgesetz". Gefragt wird nach den Veränderungen, wie etwa die „Schließung der Entbindungsstationen" an hessischen Krankenhäusern.

Eine weitere Anfrage thematisiert „Angriffe auf medizinisches Personal in Kliniken". „Ursache scheint dabei meist eine – häufig kulturell bedingte – unangemessene Erwartungshaltung von Patienten zu sein". Interessiert wird sich für die systematische Erfassung von Angriffen auf medizinisches Personal und entsprechende Maßnahmen zur Reduktion solcher Übergriffe.

In einem Antrag wird sich für die „verpflichtende Testung auf multiresistente Erreger (MRE) aller Patienten bei Aufnahme in hessischen Krankenhäusern und Bewohnern von Pflegeheimen" eingesetzt.

Deutung

Die Anfragen sind eher in technisch-fachlicher Diktion formuliert, und die Fraktion versucht hier – **aufdeckend** – auf vermeintliche landespolitische Versäumnisse und Fehlentwicklungen, Skandale und Probleme öffentlich aufmerksam zu machen. Die AfD macht sich zum **Anwalt von Interessen** von Frauen und Frauenhäusern, von Blinden, von Opfern von Gewalt, von Patienten und des medizinischen Personals.

Gefragt wird in **subtil rassistischer Diktion** u.a. nach den Herkunftsländern oder der Unterbringungsform der Betroffenen. Unterstellt wird ein Zusammenhang von Gesundheit und

Migration/Flüchtlingen, und dass eingewanderte Menschen
maßgeblich an der Verbreitung von Krankheiten beteiligt seien.

4.3.7 Schule und Bildung

In 24 Kleinen Anfragen, elf Anträgen und Aktuellen Stunden
beschäftigt sich die Fraktion mit bildungspolitischen Themen.
Dabei geht es v. a. um Fragen zur Schule und zu Universitäten.

Herkunft, Kultur und Religion

Innerhalb einer Woche stellt die AfD-Fraktion zwei wortglei-
che Anträge zur „Beendigung der Kooperation mit DITIB". Die
hessische Landesregierung wird aufgefordert, „die Kooperation
im Rahmen des bekenntnisorientierten islamischen Religions-
unterrichts mit der Islamischen Religionsgemeinschaft DITIB
sofort oder spätestens mit Ablauf des Schuljahres 2018/2019 zu
beenden".[5] Die religiöse Ausrichtung des Verbandes würde
nicht der realen Vielfalt muslimischer Schüler*innen entsprechen. Begründet wird der Antrag u. a. wie folgt:

> „Der Verband DITIB wird von den deutschen Sicherheits-
> behörden äußerst kritisch gesehen. DITIB steht der türki-
> schen Regierungspartei AKP nahe und habe in der Vergan-
> genheit auf Geheiß der türkischen Regierung an der Bespit-
> zelung und Denunzierung von in Deutschland lebenden op-
> positionellen Türken mitgewirkt.

> Erst im Jahr 2018 gab es Hinweise auf Verbreitung von
> Kriegspropaganda sowie Unterstützung der türkischen Sol-
> daten bei ihrem völkerrechtlichen Einmarsch in Nordsyri-
> en durch DITIB-Gemeinden in Hessen (u. a. Gelnhausen
> und Dietzenbach, Video: „Wir wünschen den türkischen
> Soldaten in Afrin viel Erfolg"). [...]

> Es erscheint in höchstem Maße unwahrscheinlich, dass DI-
> TIB Hessen sich dem politischen Einfluss durch die türki-

sche Regierungspartei AKP mittels Diyanet vollständig entziehen kann. Vielmehr ist DITIB bestes Beispiel für die Verwobenheit von Religion und Politik, mithin für den politischen Islam.

Es kann nicht im Sinne der Hessischen Landesregierung sein, alle moslemischen Schüler, ungeachtet ihres Herkunftslandes und ihrer Glaubensrichtung, nach den Grundzügen von DITIB unterrichten zu lassen."

Im Rahmen eines weiteren Berichtsantrags mit dem Titel „Neuer Islamunterricht in der Jahrgangsstufe 7" geht es um die Entscheidung zum „Einsatz von Lehrkräften aus den Reihen des bisher angebotenen bekenntnisorientierten Islamunterrichts unter DITIB-Kooperation für den in allgemeiner stattlicher Verantwortung liegenden Islamunterricht in der Jahrgangsstufe 7".

Gefragt wird nach der Einschätzung der Landesregierung zu einer möglichen Beeinflussung dieser Lehrkräfte, einer „Abstimmung bzw. Zusammenarbeit mit Islamverbänden oder anderen Religionsgemeinschaften" im Rahmen des Lehrplans und nach Maßnahmen „zum Schutz der 3.334 Kinder in den Jahrgangsstufen 1 bis 6 vor möglicher Indoktrination" durch den Einfluss der türkischen Regierung auf DITIB, welche die Verantwortung für den Islamunterricht der unteren Jahrgänge trägt. In einer weiteren kleinen Anfrage geht es um „Ausländische Schulen in Hessen".

Weiter gibt es zwei kleine Anfragen zum Thema „Kopftuch im Schuldienst". Von Interesse sind die Anzahl der Lehrerinnen, „die aus religiösen Gründen ein Kopftuch tragen", die Verbote, die gegenüber kopftuchtragenden Lehrerinnen ausgesprochen wurden, oder die „juristischen Schritte von muslimischen Lehrerinnen gegen das Land Hessen" in diesem Kontext. Gefragt wird auch:

„Wie viele Studentinnen, die aus religiösen Gründen ein Kopftuch tragen, haben seit dem Jahr 2015 ein Studium auf Lehramt begonnen?"

Schule

Ein dringlicher Berichtsantrag fordert die Landesregierung auf, zur „Verfassungsbeschwerde von Eltern einer Frankfurter Schülern gegen die Zuweisung an ein anderes als das gewünschte Gymnasium" Stellung zu nehmen. Dabei geht es um Fragen nach Verbesserungsmöglichkeiten bei der Schulplatzvergabe, um die Anzahl an Schüler*innen, die nicht an ihre Wunschschule aufgenommen wurden, sowie um die Auswahlkriterien für die Platzvergabe.

Zwei Initiativen beschäftigen sich mit den Schülerdemonstrationen im Rahmen der Fridays-for-Future-Bewegung. Die AfD-Fraktion fordert dazu einmal eine Aktuelle Stunde und interessiert sich innerhalb einer Anfrage für die Anzahl der teilnehmenden (Grund-)Schulen, Lehrer*innen und Schüler*innen. Gefragt wird dann nach der Höhe der ausgefallenen Unterrichtsstunden, nach Gegenbewegungen und der Absicherung der Teilnehmer*innen bei Unfällen.

Weiter begründet die Fraktion eine Anfrage zu den Schulfahrten hessischer Schulen wie folgt:

„Durch die aktuelle Klimadiskussion und insbesondere die landesweiten ‚Fridays-for-Future'-Demonstrationen von Schülern stellt sich die Frage nach dem Umgang von CO_2-Emissionen bei Schulfahrten, wobei insbesondere die Auswahl der Zielorte und die Transportmittel verstärkt in den Blick zu nehmen sind."

Gefragt wird etwa, ob „bei den mit Flugzeugen bzw. Schiffen durchgeführten Fahrten mit den Schülern die Problematik dieser Verkehrsmittel erörtert und den Schülern alternative Reiseziele und Verkehrsmittel angeboten" wurden oder:

„Plant die Landesregierung, den zitierten Erlass vom 07.12.2009 dahingehend zu überarbeiten, dass Flug- und Schiffreisen nur noch unter besonderen Voraussetzungen stattfinden dürfen bzw. einer gesonderten Genehmigung durch die zuständige Behörde bedürfen?"

Zwei Anfragen setzen sich u. a. mit dem G8-/G9-Abitur auseinander, einmal zum Thema „Wahlfreiheit G8/G9" und einmal in Bezug auf das „Landesabitur". Gefragt wird nach der Anzahl der Schulen, die das G8-, das G9-Abitur oder ein „Parallelangebot" anbieten, und es soll Bericht erstattet werden über die Motive der Schulen für die jeweilige Schulform und „Erkenntnisse über die Auswirkungen des G8-Abiturs im Vergleich mit G9 auf die Reife und Studierfähigkeit der Schülerinnen und Schüler". Weiter wird nach den Abiturnoten von G8-Schüler*innen und nach den Leistungen in MINT-Fächern – auch in Hinblick auf die spätere Wahl eines MINT-Studienfachs – gefragt. Eine Anfrage beschäftigt sich mit dem „Stellenwert" des „Technikunterrichts an hessischen Schulen".

Mit dem Antrag „Bekenntnis zur Bundeswehr" fordert die AfD-Fraktion den Landtag auf zu beschließen:

„Der Hessische Landtag bedankt sich bei der Bundeswehr für ihren unermüdlichen Einsatz zur Wahrung von Stabilität, Sicherheit und Frieden.

Der Landtag begrüßt, dass Jugendoffiziere an hessischen Schulen über Wesen und Aufgaben der Bundeswehr informieren.

Der Landtag bekennt sich uneingeschränkt zur Kooperationsvereinbarung zwischen Hessischen Kultusministerium und dem Wehrbereichskommando II der Bundeswehr bzw. dessen Nachfolger, dem Landeskommando Hessen, wonach Jugendoffiziere als externe Referenten in Schulen eingeladen werden können".

Mit Bezug auf eine Analyse der Weltgesundheitsorganisation zum Bewegungsmangel von Kindern – insbesondere von Mädchen – fragt die Fraktion nach Maßnahmen an Schulen im Rahmen des Sportunterrichts, um dem Bewegungsdefizit entgegenzuwirken. Es wird nach der Anzahl und den Gründen für ausfallende Sportstunden sowie nach der Anzahl der Sportlehrer*innen und deren Weiterbildungsmaßnahmen gefragt. Weiter gibt es Anfragen zu „Jugendlichen ohne Schulabschluss" und „Förderschulen in Hessen".

Im Berichtsantrag „Umsetzung Digitalpakt an Hessischen Schulen" wird die Landesregierung gebeten, Auskünfte zur Finanzierung, räumlichen Abdeckung, zu Fortbildungen und pädagogischen Hintergründen im Rahmen der Digitalisierung von Schulen zu geben.

Einmal geht es um „Gewalt an Schulen". Von Interesse sind die Anzahl von Straftaten und Gewaltdelikten von Schüler*innen und Eltern an hessischen Schulen – auch gegen Lehrkräfte. Gefragt wird auch: „Gibt es in Hessen sogenannte Brennpunktschulen? Falls ja, um welche handelt es sich?"

In einer kleinen Anfrage werden die „Elternvertretungen in Hessen" thematisiert. Gefragt wird etwa nach „Konflikten zwischen Schul- oder Schulamtsvertretern und Elternvertretungen", „Manipulationsversuchen durch Schulleiter oder anderes Schulpersonal bei Wahlen für Schulelternbeiräte" oder der Zusammenarbeit zwischen Landesregierung und hessischen Elternvertretungen.

Lehrkräfte

Mehrere Initiativen beschäftigen sich mit der Situation von Lehrkräften: In einem Dringlichen Berichtsantrag geht es in Form von 17 Fragen um den „Lehrermangel in Hessen" mit besonderem Fokus auf Lehrkräfte an Grundschulen. Interessiert wird sich für die Anzahl der Planstellen von Grundschullehrer*innen, die unbesetzten Positionen, den Umgang mit sogenannten „Quereinsteigern", die „angekündigte zusätzliche Deutschstunde" in Grundschulen, Ganztagsangebote und die Vereinbarungen des Koalitionsvertrags.

In einer Anfrage zum Thema „Teilnahme von Lehrkräften an Fortbildungen" interessiert sich die Fraktion für die Anzahl der Lehrkräfte (je nach Schulform) an hessischen Schulen und die Fortbildungsveranstaltungen durch staatliche und freie Träger. Von Interesse ist auch der Zeitpunkt der Fortbildungen – etwa während der unterrichtsfreien Zeit oder in der Unterrichtszeit. Weiter geht es in einer Kleinen Anfrage explizit um den „Stand politischer Bildung für hessische Studenten, Lehramtsanwärter und Lehrkräfte". Gefragt wird u.a. nach entsprechenden Lehrveranstaltungen zur politischen Bildung, Prüfungsleistungen, Aus- bzw. Fortbildungen und Subventionszahlungen.

Eine weitere Anfrage befasst sich mit der Situation von Lehrkräften und befristeten Arbeitsverträgen. Die Fraktion fragt u.a. nach der Anzahl solcher Verträge und der Perspektive dieser Lehrkräfte. Weiter geht es in einer Anfrage um die „Lehrkräfte mit Lehramtsbefähigung" und insbesondere die Situation von Grundschullehrkräften.

Hochschule und Universität

In dem dringlichen Berichtsantrag „Goethe-Universität: ‚Löschung von unliebsamen Personen'" geht es um die Löschung eines Professors aus allen universitären Registern. Grund dafür sei „angeblich der Besuch eines Werkstättengespräches der CDU gewesen". Nach der AfD hat sich der „Rahmen des Sagbaren […] im akademischen und öffentlichen Raum […] drastisch verengt". Dies bedrohe „die akademische Freiheit". Gefragt wird nach der Haltung der Landesregierung zum Vorfall an der Goethe-Universität, nach vergangenen Löschungen dieser Art, nach dem Grund für dieses Vorgehen und nach den „besonderen Vorschriften, Regeln, oder Anweisungen" für Lehrpersonal zur Teilnahme an politischen Veranstaltungen.

Die Fraktion hat jeweils eine aktuelle Stunde zum Thema „Neubesetzung der Präsidentenstelle der Technischen Universität Darmstadt" und zu „Schüler-Demonstrationen in Hessen während der Unterrichtszeit" beantragt. Dabei hielt sie die mit deutlicher Mehrheit von der Universitätsversammlung der Technischen Universität Darmstadt neu gewählte Präsidentin für ungeeignet. Die neu gewählte Präsidentin Tanja Brühl war vorher sechs Jahre Vizepräsidentin der Frankfurter Goethe-Universität, sie ist Politikwissenschaftlerin und hat auch Biologie studiert sowie interdisziplinär gearbeitet. Die AfD warf ihr vor, sie sei „mehr eine Politikerin als eine Wissenschaftlerin" und sie treffe „auf Ingenieure und Naturwissenschaftler, die eine eigene Sprache sprechen".

Eine Anfrage gibt es „Zum Verständnis der Meinungs- und Wissenschaftsfreiheit am Institut für Politikwissenschaft der Universität Marburg". Aufgrund einiger Aktivitäten am betreffenden Institut gebe es „Klärungsbedarf hinsichtlich [...] der sowohl durch die Verfassung des Landes Hessen als auch durch das Grundgesetz für die Bundesrepublik Deutschland garantierten Freiheit der Meinungsäußerung sowie von Wissenschaft, Forschung und Lehre". Die Landesregierung wird nach deren Einschätzung zu unterschiedlichen Sachverhalten gefragt.

Eine Anfrage thematisiert die „Rahmenvereinbarung zwischen der Goethe-Universität Frankfurt/M., Johannes-Gutenberg-Universität Mainz und der Technischen Universität Darmstadt" mit dem Ziel von „Synergieeffekten in den Bereichen der universitären Verwaltung, Lehre und Forschung", etwa der Gender-Forschung. Gefragt wird nach den Kosten, der Art und Weise der Synergieeffekte und den Aktivitäten der Gender-Forschung.

In einer weiteren Anfrage geht es um die „unzureichende mathematische Wissensvermittlung in der Schule", was zu einer „signifikant hohen Studienabbruchquote" und einer „Absenkung der fachlichen Erfordernisse hinsichtlich mathematischer Inhalte" führe. Hier wird sich besonders für den Umfang der sogenannten „Brückenkurse" und für Maßnahmen, die dieser Entwicklung entgegenwirken, interessiert.

Weiter wird nach „Gewalt gegen Studentenverbindungen an hessischen Hochschulen" gefragt, etwa nach dem „politischen Spektrum" der Täter, Verurteilungen oder Konflikten der „Antifa und/oder anderen links-(autonomen) Bündnissen gegen Studentenverbindungen mit anderen politischen Organisationen bzw. Parteien". Konkret erkundigt wird sich nach der „Identitäts-Feststellung bei Tätern, welche sich nach einer Tat in ein durch überwiegend mit öffentlichen Mitteln subventioniertes links-(autonomes) Haus flüchten".

Deutung

In diesem Themenbereich ist die AfD ausgesprochen aktiv; sie gibt sich mit ihren z.T. mehr technisch formulierten Informationsfragen als **„Aufdeckerpartei"** für angebliche bildungspolitische Fehlentscheidungen und als **„Kümmerer"** für die Interessen von Eltern und Lehrkräften.

Dabei geht es um Fragen zur Gesundheit „unserer Kinder" oder Gefahren durch die Einflussnahme von DITIB an hessischen Schulen und den Islamunterricht oder auch das Kopftuch, dann um die politische Bildung bzw. Fortbildung von Lehrkräften. Nimmt man Redebeiträge hinzu, dann wird insgesamt deutlich, dass der AfD die ganze Richtung der Schulentwicklung nicht passt, das gilt v.a. für eine liberale und demokratische Schulkultur und die durch die Bildungspolitik angeblich verursachten fehlenden kulturellen Werte bei Schüler*innen. Das gilt auch für die Hochschulen, hier macht sich die AfD zum Anwalt der angeblich bedrohten **Meinungs- und Wissenschaftsfreiheit**, stellt die **Genderforschung** infrage und sieht Gewalt von linker Seite. Und: Sie verkennt oder weiß nicht um die Autonomie von Hochschulen und Wissenschaft, wenn sie meint, die Gremienentscheidung einer Universität im Landtag diskutieren zu müssen.

Kritisiert werden die Herausbildung einer politisierten Jugend und gefragt wird nach der Teilnahme an den Fridays-for-Future-Demonstrationen. Weiter macht sich die AfD zum **An**-

walt der Bundeswehr, die für sie als Lernanbieter an die Schulen gehört.

4.3.8 Gender und Sprache

Fünf Anträge und Anfragen thematisieren Gender und Sprache in verschiedenen Kontexten. In einer Anfrage geht es um „Toiletten für das ‚dritte Geschlecht' – und Unisextoiletten an hessischen Bildungseinrichtungen". Es wird nach dem Bedarf, der Planung und den Mehrkosten für solche Bauvorhaben gefragt. Außerdem werden Fragen gestellt wie:

> „Welche Maßnahmen sieht die Landesregierung vor, sollte es zu Konflikten kommen, wenn sich Personen unterschiedlicher Geschlechteridentitäten auf einer Toilette für das ‚dritte Geschlecht' oder ‚Unisex-Toiletten' begegnen, weil sie nicht verstehen, wie man solche Toiletten benutzt?

> Welche Maßnahmen sieht die Landesregierung vor, sollte es zu Verletzung religiöser Gefühle oder weltanschaulicher Überzeugungen kommen, wenn sich Personen unterschiedlicher Geschlechteridentitäten auf einer Toilette für das ‚dritte Geschlecht' oder ‚Unisextoiletten' begegnen und somit der Schulfrieden gestört werden könnte?"

Eine Anfrage beschäftigt sich mit der „Gender-Forschung an Universitäten und Hochschulen in Hessen". Im Grundgesetz sei die Rede von den beiden biologischen Geschlechtern Mann und Frau; in der Wissenschaft sei allerdings die Rede von biologischen und sozialen Geschlechtern. Die AfD-Fraktion stellt fest, dass der „Begriff ‚Gender' [in der] Wissenschaft offenbar erheblich von denjenigen der Landesregierung, der Europäischen Union und der des Grundgesetzes abweicht". Sie fragt nach der Definition der Landesregierung bezüglich „Gender-Mainstreaming" und nach der Anzahl der Lehrstühle und wissenschaftlichen Mitarbeiter*innen, die sich – durch Steuermittel finanziert – mit dem Thema „Gender" auseinandersetzen. In einer weiteren Anfrage geht es um die Kosten für die „sog. Gender-Forschung". Die Fraktion vertritt den Standpunkt: „Vielfach handelt es sich dabei jedoch nicht um eine echte Wissenschaft mit ergebnisoffener Forschung." Hier wird nach der Anzahl der Lehrstühle und deren personeller und finanzieller Ausstattung sowie den „wissenschaftlichen Arbeitsergebnissen" gefragt.

In dem Antrag „Aufruf gegen ‚Gender-Unfug'" wird der Landtag aufgefordert, „sämtliche in der Vergangenheit vom Hessischen Landtag beschlossenen Regelungen, die eine ‚geschlechtergerechte Sprache' zum Gegenstand haben, außer Kraft" zu setzen. Grund dafür seien „immer absurdere Sprachregelungen", und eine „Rückkehr zur normalen Sprache Goethes und Schillers" sei überfällig. Es gebe „keinen Zusammenhang zwischen dem natürlichen und dem grammatikalischen Geschlecht". Zudem sei die Umsetzung sowohl in den politischen Gremien – es gebe auch keine „Ministerinnen- und Ministerpräsidenten" – als auch in der Öffentlichkeit – zum Beispiel in Werbespots – inkonsequent.

In einem weiteren Antrag wird explizit gefordert, die „Gendersprache in hessischen Ministerien, Landesbehörden und der Landesverwaltung abzuschaffen".

Deutung

In den Anfragen und Anträgen zeigt sich eine programmatisch-ideologische Ausrichtung der Fraktion, die alle gendergerechten Bestrebungen (Gleichstellung und Gleichberechtigung, Sprache, Förderung) ablehnt; mit dem **Kampfbegriff** „**Genderideologie**" sind sie durchzogen von antifeministischen Narrativen. Gender und Feminismus sind für die AfD ein zentrales inneres Feindbild, die vielfach mit Migration verknüpft werden.

Dem Wissenschaftszweig Frauen- und Geschlechterforschung (Gender-Studies) wird die **Wissenschaftlichkeit** abge-

sprochen, sie wird als **pseudowissenschaftliche Disziplin** dargestellt, die den „naturgegebenen" Erkenntnissen der Geschlech-
terrollen (von Mann und Frau) widerspreche; suggeriert wird eine angeblich abgesicherte Wissenschaftlichkeit. Gendergerechte
Bemühungen werden als **Verschwendung von Steuergeldern**
diffamiert und ihre Förderung soll ebenso wie die Genderforschung **abgeschafft** werden. Deutlich wird eine programmati-
sche Ausrichtung der Fraktion, die Gender als Kategorie sozialer Ordnung ablehnt und bekämpft, die einem traditionellen
und reaktionären Frauen- und Familienbild verpflichtet ist sowie eine Vielfalt von Lebensformen (und pluraler Liebesfor-
men) ablehnt.

4.3.9 Familie und Kinder

Zehn Anfragen und Anträge thematisieren familienpolitische
Sachverhalte, u. a. die Situation in Kindertagesstätten und die
Sprachförderung.

In einer Anfrage geht es um „Muslimische Kindertagesstätten in Hessen" und um die Anzahl solcher Kitas, die Qualitäts-
standards und die finanzielle Förderung durch das Land Hessen.
Gefragt wird auch nach einem „Sprachförderkonzept für Kinder
mit und ohne Migrationshintergrund" oder:

> „Welche Maßnahmen unternimmt die Landesregierung, da-
> mit nicht auch in Hessen die Verbreitung von salafistischen
> und islamistischen Inhalten an muslimischen Kindertages-
> stätten erfolgen kann? […]

> Was unternimmt die Landesregierung, um Kinder, welche
> eine muslimische Tagesstätte besuchen, vom Einfluss der im
> hessischen Verfassungsschutzbericht 2017 erwähnten ‚Mus-
> limbruderschaft' zu bewahren?"

In der Anfrage „Kindertagesstätte des muslimischen Fördervereins für Erziehung, Bildung und Integration (Mebi) e. V./Kas-

sel" wird auf eine Presseerklärung eines Kasseler CDU-Abgeordneten Bezug genommen, „in der es hieß, das Hessische Sozialministerium werde der muslimischen Kita die Betriebserlaubnis verweigern". Die AfD fragt nach dem Hintergrund dieser Informationen, die nach Aussagen des Ministeriums und der Stadt Kassel nicht korrekt sei.

Gefragt wird in einer weiteren Anfrage nach dem „Krankenstand von Erziehern", den Überlastungsanzeigen und den häufigsten Krankmeldungsursachen.

Einmal geht es um die Methode „Original Play" in hessischen Kindertageseinrichtungen, mit „der Kinder in Kindertageseinrichtungen mit fremden Erwachsenen, die als Absolventen eines Kurses offensichtlich eingeladen wurden, u. a. kuscheln sollten". Gefragt wird die Landesregierung nach deren Einschätzung der Methode.

Zwei Anfragen beschäftigen sich mit der Sprachkompetenz von Kindern – einmal speziell mit der „Sprachförderung in hessischen Kindertageseinrichtungen". Es wird nach der Anzahl der pädagogischen Fachkräfte gefragt, die speziell im Bereich Sprache ausgebildet wurden, weiter wird die Umsetzung der Förderung in Kindertagesstätten, zum Beispiel im Rahmen eines QM-Systems, thematisiert.

Die andere Anfrage setzt sich mit „verbindlichen Sprachkursen für Kinder ab drei Jahren" und „mit unzureichendem deutschem Wortschatz" auseinander. Dabei interessiert sich die Fraktion für die Träger und die Erfolgsbilanz dieser Kurse, etwa für die Quote der regulär eingeschulten Kinder, die diese Kurse durchlaufen haben.

In einer Kleinen Anfrage geht es um „Fragen zur Kinderbetreuungsfinanzierung für Hessen". Es geht u. a. darum, welche Anträge zur Kinderbetreuungsfinanzierung nicht bewilligt wurden.

Eine Anfrage thematisiert die „Hessenstiftung – Familie hat Zukunft", deren Wirtschaftlichkeit vom Landesrechnungshof kritisiert worden sei. Es werden u. a. Fragen zu einer fehlenden Wirtschaftlichkeitsprüfung vor der Gründung der Stiftung, zur Höhe der Verwaltungskostenquote und zur Zukunft der Stiftung gestellt.

In einem Dringlichen Antrag zur „Anhörung zur Situation der Jugendämter in Hessen" geht es um „Kinderschutz", „Missbrauchsfälle" und „strukturelle Probleme in der Kinder- und Jugendhilfe" in Hessen. Im Rahmen einer Anhörung von zwei Ausschüssen sollen auch „Vertreter der kommunalen Kinder- und Jugendhilfe" sowie „Landräte und Oberbürgermeister" zu Wort kommen.

Deutung

Zwei Themenkomplexe werden im Bereich „Familie und Kinder" fokussiert: **deutsche Sprache** und die **islamistische Gefahr**, vor der Kleinkinder zu schützen seien. Die AfD sorgt sich um das Wohl der Kinder und der pädagogischen Fachkräfte in Kindertageseinrichtungen, fragt nach **Qualität und Wirtschaftlichkeit**. Subtil wird vermittelt, dass sich die Einwanderungspolitik der „Altparteien" schon negativ auf die Kleinsten – die Kinder – unserer Gesellschaft auswirken würde. Propagiert wird, dass die Sprachkenntnisse aller Kinder – sowohl mit als auch ohne Migrationshintergrund – „unzureichend" seien und sie von muslimischen Initiativen von Kindesbeinen an instrumentalisiert würden. In Redebeiträgen wird die **Stärkung der Familie** („Erziehungsauftrag") anstelle von „staatlicher Verwahrung" propagiert.

4.3.10 Kultur, Geschichte und Kunst

Fünfzehn Initiativen beschäftigen sich mit kulturellen und geschichtlichen Themen, wie etwa der Dringliche Berichtsantrag mit dem Titel „Soziokulturelle Förderung". Hier interessiert die „Landesarbeitsgemeinschaft der Kulturinitiativen und soziokulturellen Zentren in Hessen (LAKAS e. V.)". Gefragt wird u. a. nach den finanziellen Zuwendungen durch das Land Hessen, die regelmäßige Einsicht der Rechenschaftsberichte, der Zusammenarbeit zwischen dem Verein und der Landesregierung, Ministerien und Landtag sowie den politischen Aktivitäten des Vereins. Es wird um eine konkretere Beschreibung der Vereinsziele und um eine Definition des Begriffs „Kultur" gebeten. Eine der elf Fragen lautet: „Welche Erkenntnisse liegen der Landesregierung über eine Zusammenarbeit des LAKS e.V. und/oder seiner Mitglieder mit dem linksextremen Spektrum zugehöriger Organisationen vor?"

Gefragt wird weiter nach der „finanziellen Unterstützung bzw. Bezuschussung des Künstlerhauses Mousonturm Frankfurt", zu aktuell und zukünftig geförderten Projekten und der Höhe der finanziellen Unterstützung. Von Interesse sind für die AfD auch die Projekte, die gleichzeitig von Bund, Stadt und anderen Trägern gefördert werden.

In einer Anfrage geht es um das „Forschungszentrum Keltenwelt in Glauburg" und die Gründe, weshalb „die Pläne zum Bau des Forschungszentrums in der Ortsmitte von Glauburg" beendet wurden.

Zwei Anfragen erfolgen mit dem Titel „Betäubungsloses Schächten". Einmal wird auf das Tierschutzgesetz § 4a Bezug genommen und nach den Ausnahmegenehmigungen gefragt; in der zweiten Anfrage geht es explizit um befristete Genehmigungen.

Weiter gibt es zwei Anfragen zu künstlerischen Themen: Einmal geht es um eine Kunstaktion auf dem Kasseler Königsplatz in Form eines „überlebensgroßen Mischwesens aus Mensch und Wolf" mit Warnschildern wie: „AfD Wir hetzen nur Das Treten überlassen wir anderen". Dies würde AfD-Sympathisant*innen abwerten:

> „AfD-Mitglieder und über sechs Millionen AfD-Wähler mit Wolfsmenschen zu vergleichen und ihnen damit die Menschenwürde abzusprechen, die in unserem Grundgesetz festgeschrieben ist, dokumentiert die antidemokratische Geisteshaltung des Künstlers."

Die Fraktion interessiert sich für die Position der Landesregierung und die finanzielle Förderung solcher Projekte.

In der zweiten Anfrage wird die „Künstlergruppe ,Frankfurter Hauptschule'" in den Blick genommen, die zu radikalen Projekten neige und beispielsweise T-Shirts mit Konterfeis von ehemaligen RAF-Terroristen auf deren Internetseite anbiete. Hier geht es ebenfalls um die Position der Landesregierung, die Finanzierung, etwaige Straftaten und Verurteilungen und Verbindungen zur „Antifa bzw. anderen links-(autonomen) Bündnissen".

In einer Anfrage geht es um die „Sicherheit hessischer Museumsbestände" und die entsprechenden Sicherheitsstandards und -maßnahmen.

Weiter gibt es zwei Kleine Anfragen zum Thema „Abberufung des Geschäftsführers der ,HessenFilm und Medien GmbH' Hans Joachim Mendig". Nach einem Treffen zwischen Meuthen, Hunzinger und Mendig sei ebendieser „durch einstimmigen Beschluss des Aufsichtsrates der ,HessenFilm und Medien GmbH'" entlassen worden. Gefragt wird u. a. nach den „finanziellen Mehrkosten" durch die Entlassung Mendigs und:

„Inwiefern stellt ein privates Treffen zwischen Herrn Professor Dr. Meuthen und Herrn Professor Hunzinger einen möglichen Vertrauensbruch in der Zusammenarbeit von Herrn Mendig mit dem Ministerium für Wissenschaft und Kunst dar?"

„Beansprucht die Landesregierung das Recht, den Umgang ihrer Bediensteten zu überwachen bzw. zu beurteilen?"

Mittels eines Antrags setzt sich die AfD für die „Wiedereinsetzung von Professor Hans Joachim M. als Geschäftsführer der HessenFilm und Medien GmbH" ein. Begründet wird dieser Antrag damit, dass „die Enthebung als Geschäftsführer aufgrund eines privat geführten Gesprächs […] einen massiven

Eingriff in die Persönlichkeitsrechte darstellt" und gegen das Grundgesetz verstößt. Weiter beantragt die Fraktion eine Aktuelle Stunde zum Thema „Susanne Schröter, Professor Hans Joachim M., Thomas de Maizière: Meinungsfreiheit in Gefahr!".

In zwei Anfragen geht es um die „Standortentscheidung für den Obelisken in der Kasseler Treppenstraße aus Sicht der Denkmalpflege".

Deutung

Kulturpolitik ist – in der Tradition des Kampfes um „kulturelle Hegemonie" – ein zentrales Feld der Auseinandersetzung und von Angriffen der populistischen und extremen Rechten, die eine (völkisch-)nationale und heimatbezogene Kultur und Förderpolitik und keine kritisch-aufklärerische Kultur sowie kulturelle Vielfalt will. Das **Kulturverständnis** wird in stolze Heimatliebe/-verbundenheit mit der Heimatregion und die Vermittlung eines **positiven Bildes von Deutschland** und **deutscher Identität** umgedeutet.

Nicht internationale Beziehungen, weltoffene Gesellschaft, nicht Öffnung und Neugierde gegenüber anderen Kulturen sind die kulturellen Sehnsuchtstopoi, sondern die **Kultur der Heimat**. So werden denn auch engagierte Kulturinstitutionen, soziokulturelle Experimente und freie Kulturprojekte aus dem demokratischen, liberalen und provozierenden Spektrum sowie die Förderpolitik **angefragt** und sollen unter **Rechtfertigungsdruck** geraten. **Unterstellt** werden vermeintlich linksextremistische Verstrickungen und die Frage nach finanziellen Zuwendungen und Kontrolle suggeriert, dass hier aufgeklärt werden müsse. Mit dem gezeichneten **kulturellen Feindbild** wird ein Richtungswechsel in der (dann bevormundenden) Förderpolitik beschworen.[6]

Die knapp gehaltenen beiden Anfragen zum betäubungslosen Schächten thematisieren und problematisieren – in allgemein gehaltenen Informationsabfragen und mit Bezug auf das Tierschutzgesetz – ein religiös-kulturelles Ritual. Auch hier ist der Subtext, dass dies – nach der üblichen AfD-Diktion – „kulturfremd" und zu verbieten ist.

Auffallend ist, dass bisher – im Gegensatz zu anderen Landtagsfraktionen – keine Anträge zur „erinnerungspolitischen Wende" (wie sie Gauland und Höcke propagieren) gestellt wurden. Hier ist die Intention, den erinnerungspolitischen Stellenwert der NS-Verbrechen zu schmälern und zu relativieren sowie – so Anträge in anderen Bundesländern – „Studienfahrten zu bedeutenden Stätten deutscher Geschichte" zu finanzieren.

4.3.11 Bund und EU

Mehrere Anfragen und Anträge beschäftigen sich mit Themen, für die die Bundes- und/oder EU-Ebene zuständig ist. Gefragt wird nach der Position der hessischen Landesregierung zur „Einstufung der Maghreb-Länder […] sowie Georgien als sichere Herkunftsstaaten" durch den Bundestag, den ausreisepflichtigen Personen aus diesen Ländern und nach den Kosten, die durch diese Menschen entstehen. Zwei Fragen beschäftigen sich mit der Kriminalität und den Verurteilungen ausreisepflichtiger Personen aus den Maghreb-Ländern und Georgien.

Weiter geht es um die „Position der Landesregierung zur EU-Urheberrechtsreform" und die Mitwirkung am „Rechtsetzungsverfahren dieser Richtlinie". Eine Anfrage beschäftigt sich mit dem „EU-Recht im hessischen Landesrecht".

In zwei Kleinen Anfragen interessiert sich die Fraktion für die „Kampagne ‚Lebe Dein Europa!' und die Öffentlichkeitsarbeit der Landesregierung im Kontext der Europawahl 2019". Gefragt wird etwa nach den Veranstaltungen, Kosten, Referent*innen und Kooperationspartnern.

Einen Entschließungsantrag gibt es mit dem Titel „Keine Ausweitung der ‚Transferunion' in der EU". Darin geht es um die Ablehnung eines EU-Bundesstaates „ohne demokratische Legitimation", um die Verhinderung einer „überproportionalen Belastung Deutschlands durch eine Erhöhung des EU-Haushalts. Deutschland wurde und wird als mit Abstand größter

Nettozahler seiner Verantwortung mehr als gerecht." Der Landtag wird u.a. aufgefordert, die Demokratiedefizite in der EU zu
kritisieren und „die Schaffung zusätzlicher Umverteilungsme-
chanismen" abzulehnen.

Beantragt wird weiter „EU-Überregulierung stoppen – hessische Unternehmen schützen und übermäßigen Bürokratieab-
bau durch allumfassende Arbeitszeiterfassung eine Absage erteilen".

Deutung
Die AfD-Fraktion erkennt den Staatenverbund der EU nicht
an. Suggeriert wird, dass eine **EU-Mitgliedschaft** sich **negativ**
auf nationale und hessische Entwicklungen auswirken würde.
Sie wäre mit hohen **Kosten** verbunden, die auf den Schultern
der **deutschen Steuerzahler** ausgetragen würde, und sie sei „ge-
fährlich" durch den Zuzug von **kriminellen „Ausländern".** Die
Hessische Landesregierung wird mit Blick auf sichere Herkunftsstaaten zum Handeln aufgefordert.

4.3.12 Landtag – Kommunen
Zahlreiche Anträge befassen sich mit Angelegenheiten des
Landtages (Zusammensetzung, Gremien) und dem Verhältnis
zu Kommunen. So wird die Landesregierung nach ihren „Bera-
terverträgen", den „Ausgaben für externe Berater", nach Veränderungen bei der „Kommunalen Finanzaufsicht" oder „Veranstaltungen der Hessischen Landesvertretung in Brüssel" gefragt.
In mehreren Änderungsanträgen lehnt die AfD-Fraktion die
Erhöhung der Entschädigungsleistung für Abgeordnete und des
Budgets für die Fraktionen ab. Der Fraktionsvorsitzende fragt
nach der „Regelung und Praxis des Einsatzes von Dienstwagen
und Fahrern für Mitglieder der Hessischen Landesregierung"
und weiterer Bediensteter in staatlichen hessischen Institutionen. Er fragt nach der Rechtsgrundlage und Auswahl der
Dienstwagen, Transparenz, Dokumentation und Verwendung
(Kosten) der damit verbundenen Steuergelder.

Weiter will die AfD wissen, wie viele und mit welchen Kosten verbunden es „Kommunale Partnerschaften" von Städten, Gemeinden und Landkreisen in Hessen gibt; und was die Landesregierung unter „Klimastädtepartnerschaften" versteht.

In einem Gesetzentwurf vom 05.09. 2019 fordert die Fraktion die „vollständige Abschaffung von Straßenausbaubeiträgen für hessische kommunale Straßen". Es wird auf andere Bundesländer verwiesen und nach ihrer Problembeschreibung ist diese Forderung „in der Bevölkerung eminent hoch" und „wird von der Bevölkerung mehrheitlich abgelehnt".

In einer Kleinen Anfrage geht es um die „Überprüfung auf frühere Tätigkeit bei der Stasi von Bediensteten in Hessen." Weiter wird nach der „Voraussetzung für den Einzug einer Partei, einer Wählergruppe oder auch eines parteilosen Einzelbewerbers ins Parlament" oder einem „Fehler bei der Mandatsberechnung im Hessischen Landtag" bei der Landtagswahl 2018 gefragt. In einer Kleinen Anfrage wird sich für die „eingesetzte Software zur Wahlberechnung des Hessischen Landtages 2018 und 2009" interessiert; gefragt wird u. a. nach dem eingesetzten „Verfahren zur Berechnung der Ausgleichsmandate".[7]

Eine Kleine Anfrage thematisiert die „Zusammensetzung des Landtages in der 18. Wahlperiode" und die Berechnung der Sitzzuteilung. Gefragt wird u. a. nach dem mathematischen Beweis des Landeswahlleiters und der „exakten Berechnungsvorschrift", „damit transparent und eindeutig für jeden hessischen Wähler die Berechnung zur mathematischen Proportionserhaltung nachvollzogen werden kann". Weiter geht es in einer Anfrage um die „Sitzverteilung im 20. Hessischen Landtag".

In einem Entschließungsantrag zum Thema „Feststellung der Dringlichkeit einer Entscheidung des Wahlprüfgerichts beim Hessischen Landtag" heißt es:

„Der Landtag wolle beschließen:
Der Hessische Landtag stellt fest, dass es für den Schutz des Wählervertrauens auf konkrete Abläufe bei Wahlen und

wahlrechtskonforme Berechnung von Sitzverteilung sowie zur Wahrung des Vertrauens der Bevölkerung in die demokratische Legitimität der Zusammensetzung des Hessischen Landtages dringend geboten ist, dass das Wahlprüfgericht nunmehr zügig über die Einsprüche gegen das verkündete endgültige Wahlergebnis für die 20. Wahlperiode entscheidet."

Gefordert wird außerdem das Abhalten einer Aktuellen Stunde mit folgendem Gegenstand: „10.000 Stimmen bei der Landtagswahl 2018 nicht berücksichtigt, Wahlprüfungsgericht muss zügig entscheiden".

Eine Kleine Anfrage beschäftigt sich mit dem Artikel 101 der Hessischen Verfassung. Dieser lautet: „Angehörige der Häuser, die bis 1918 in Deutschland oder einem anderen Land regiert haben oder in einem anderen Land regieren, können nicht Mitglieder der Landesregierung werden." Dieses Gesetz verstoße gegen Art. 3 und Art. 33 GG, und es wird nach der Auffassung der Landesregierung zur Konformität des Gesetzes gefragt.

Weiter geht es in einer Kleinen Anfrage um die „Gespräche des Landes Hessen mit der Arbeitsgemeinschaft der Ausländerbeiräte Hessen (AGAH)". Trotz eingebrachter Ideenvorschläge der AGAH zur Verbesserung der Vertretung durch Ausländerbeiräte hätten die „Koalitionsfraktionen einen für die Ausländerbeiräte untragbaren Gesetzesvorschlag dem Landtag" vorgelegt. Gefragt wird u. a. nach Gesprächen mit der AGAH und der Berücksichtigung des „Ideen-/Konzeptvorschlags".

Deutung

Thematisiert werden v. a. **Kosten**, die von der AfD-Fraktion problematisiert, als überflüssig angesehen und abgelehnt werden. Sie stilisiert sich als **spar- und ausgabenbewusste** Partei, die im angeblichen Interesse und als Anwalt der Bürger*innen handelt. Sie hat Zweifel an der Stimmenauszählung und Zusammensetzung des Landtages und fordert eine rechtliche Nachprüfung, weil ihr angeblich ein weiteres Mandat zustehen würde.

Die AfD gibt sich ausländerfreundlich, **stilisiert** sich vor dem Hintergrund ihrer rechten populistischen Ausrichtung und Fremdenfeindlichkeit zum Sprecher, macht sich zum **Interessenvertreter** der AGAH und **instrumentalisiert** diese gegen die schwarz-grüne Landesregierung.

4.4 Anträge zum Haushalt 2020

Die AfD-Fraktion hat insgesamt 61 Änderungsanträge zum Haushaltsplan des Landes Hessen – 57 für das Haushaltsjahr 2020 und vier für das Haushaltsgesetz 2018/2019 – eingebracht. Bei den Änderungsanträgen zum Haushaltsgesetz 2018/2019 geht es um die folgenden finanzpolitischen Forderungen:

- „Erhöhung der Entschädigungsleistung für Abgeordnete rückgängig machen" (−2.573,0 T€)
- „Erhöhung des Fraktionsbudgets rückgängig machen" (−1.451,3 T€)
- „Erhöhung des Fraktionsbudgets rückgängig machen" (−576,9 T€)
- „Abbau der Verschuldung des Landes" (−4.601,2 T€).

Die 57 eingebrachten Anträge für das Haushaltsjahr 2020 lassen sich wie folgt kategorisieren:

Migration, Flüchtlinge und Asyl

Die Fraktion fordert die „Streichung der Mittel für die Respekt-/Werte-Kampagne" um −75,0 T€ mit folgender Begründung:

> „Integration ist zuvorderst eine Bringschuld der zugewanderten Menschen. Demnach ist es als Selbstverständlichkeit zu betrachten, dass sich Migranten an deutsche Werte, Sit-

ten und Gebräuche anpassen. Hierfür bedarf es folglich keiner gesonderten Kampagne."

Weiter wird die „Streichung der Stabstelle ‚Koordinierung Asyl- und Flüchtlingspolitik'" (–275,0 T€) und die „Verringerung der Kosten für unbegleitete minderjährige Flüchtlinge" (–65.000,0 T€) um mehr als ein Viertel des Bewilligungsvolumens beantragt, denn der aktuelle Haushaltsplan sei „für den hessischen Landeshaushalt und den hessischen Steuerzahler" diesbezüglich „untragbar". Reduziert werden soll weiter die „Förderung von Maßnahmen zur Flüchtlingsbetreuung und Integration" (–3.789,5 T€).

In einem Antrag geht es um die Streichung der Mittel für „Antidiskriminierung" (–800,0 T€) mit folgender Begründung:

„Akzeptanz und diskriminierungsfreies Miteinander gestaltet sich durch Zusammenleben und Integrationswillen von Migranten, deren Selbstverwirklichung niemand im Wege steht. Solidarität ist keine Frage des Geldes, sondern entsteht durch Akzeptanz in der Bevölkerung aufgrund einer breit angelegten, akzeptierenden und legitimierten Politik. Politik, die dies nicht leistet, ist gezwungen, dies finanziell auszugleichen und belastet hier den Steuerzahler für eigene Versäumnisse."

Ferner soll die „Stelle für Beratung im Rahmen der Flüchtlingsbetreuung" (–70,7 T€) zur Förderung von Flüchtlingen an Hochschulen gestrichen werden, denn diese hätten „keine dauerhafte Bleibeperspektive". Mit der gleichen Begründung fordert die Fraktion die „Streichung der Anerkennungsberatung für Bildungsqualifikationen" (–654,2 T€), die „Streichung des HessenFonds für Flüchtlinge – hochqualifizierte Studierenden und Wissenschaftler" (–1.000,0 T€) und die „Streichung der ‚Sprachkurse an Hochschulen'" (–300,0 T€) für Flüchtlinge an Hochschulen.

10.000 T€ sollen in die „Schaffung von 120 zusätzlichen Abschiebehaftplätzen" investiert werden.

Europa und EU

Beantragt wird die „Senkung der Kosten für Politische Koordination, Öffentlichkeitsarbeit und Repräsentation in Europaangelegenheiten" (–1.549,7 T€)

Landtag

Die Fraktion fordert die Senkung der Ausgaben für Dienstreisen (–1.017 T€), denn sie „vertritt die Auffassung, dass diese hohen Ausgaben für Dienstreisen durch die Nutzung alternativer Kommunikationstechniken vermieden werden können", und die Senkung nicht näher bezeichneter „Ausgaben für sonstige Dienstleistungen und Gestattungen" um –35.486,2 T€.

In einem Antrag geht es auf der Grundlage des von der AfD-Fraktion eingebrachten Haushaltsplans um die „Verringerung der Kreditaufnahme" um etwa 1,8 Mio. Euro:

> „Trotz der notwendig gewordenen zusätzlichen Ausgaben in den Bereichen Inneres, Justiz und Bildung, die in der Vergangenheit massiv vernachlässigt wurden, ist es der AfD-Fraktion im Hessischen Landtag gelungen, einen um 1,8 Mio. Euro gekürzten Haushalt zu erarbeiten."

Innere Sicherheit und Justiz

Die AfD-Fraktion setzt sich für die „Stellenhebung bei Polizeivollzugsbeamten von A9 auf A10 und von A10 auf A11" (+52.230,4 T€) ein, denn die aktuelle Regelung zum Aufstieg in eine höhere Besoldungsgruppe im Polizeidienst führe u.a. zu „Effizienzverlusten".

Die Fraktion fordert die „Schaffung von 300 neuen Stellen für Volljuristen (Richter und Staatsanwälte)" (+30.000,0 T€), u.a. aufgrund der langen Wartezeiten von Gerichtsverfahren, etwa durch die „noch andauernde Klagewelle aus dem Dieselga-

teskandal" oder die „vielen Asylverfahren". Erhöht werden soll
außerdem die „Vergütung von Gerichtsvollzieheranwärtern von
A6/A7 auf A9" (+63,0 T€).

Kultur und Religion

Mit der Begründung, dass sowohl die evangelische Landeskirche
als auch die katholischen Bistümer „u. a. über reguläre Kirchen-
steuermittel verfügen", fordert die Fraktion die „Einsparung bei
der Förderung von Religionsgemeinschaften" (–3.325,0 T€).

In einem Antrag geht es um die „Anhebung und Dynami-
sierung des Pauschalbetrags für die Sicherung und Betreuung
jüdischer Friedhöfe" (+440,0 T€).

Die Fraktion setzt sich ferner für eine „Erhöhung der Mit-
tel für die ‚Deutsche Akademie für Sprache und Dichtung e.V.
Darmstadt' und für die ‚Gesellschaft für deutsche Sprache e.V.
Wiesbaden'" (+114,2 T€) ein, denn dadurch würde die „deutsche
Sprache und Kultur" gestärkt werden.

Zugunsten des „Landesverbands Hessen im Volksbund
Deutsche Kriegsgräberfürsorge e.V." beantragt die Fraktion die
„Streichung der Mittel für die Landesarbeitsgemeinschaft der
Kulturinitiativen und soziokulturellen Zentren e.V. (LAKS)"
(–4.588,0 T€), da „die soziokulturellen Projekte weder politisch
neutral" seien, „noch tragen sie zur Förderung der Heimat- und
Brauchtumspflege oder zur Stärkung der kulturellen Bildung
bei". Sichergestellt werden müsste allerdings, „dass die gefallenen
deutschen Soldaten respekt- und würdevoll bestattet und Kriegs-
gräberstätten vor Zerstörung und Verfall bewahrt werden".

Bildung

Erhöht werden sollen die „Geldmittel für psychologische Unterstützung" (+30.000,0 T€) von Schüler*innen und Lehrer*innen.
Weiter soll die „Stellenanzahl zur Förderung der Bildungsspra-
che Deutsch von 50 Stellen […] an Grundschulen auf 250 Stellen verfünffacht werden". Dafür veranschlagt die Fraktion
+8.200,0 T€ im Haushaltsplan.

Zur „Stärkung der innerfamiliären Bildung" fordert die Fraktion, „weniger für Ganztagsangebote und mehr für das dreigliedrige Schulsystem" (–80.602,0 T€) auszugeben. Einsparungen soll es darüber hinaus im Bereich „Prävention von sonderpädagogischer Förderung/ Inklusive Beschulung/ Förderung kranker Schülerinnen und Schüler" (–135.440,0 T€) geben. Begründet wird der Änderungsantrag wie folgt:

> „Pädagogisch begründete Inklusion wird von unserer Seite begrüßt. Die zu beobachtenden Inklusionsmaßnahmen der Landesregierung sind demgegenüber unsachgemäß und ideologiegetrieben. Die Förderung kranker Schüler im Sinne der Produktbeschreibung wird von der Kürzungsmaßnahme ausgenommen. Die hierdurch eingesparten Finanzmittel können zur Stärkung des bewährten Förderschulsystems zum Einsatz kommen."

Reduziert werden soll außerdem die „Förderung von Schülern mit Migrationshintergrund" (–30.000,0 T€), da es sich bei dieser Art der Förderung um eine „Verletzung des im Grundgesetz verankerten Gleichbehandlungssatzes" handelt; auch die „Leistungen für Schulen in freier Trägerschaft" (–20.988,6 T€) sollen reduziert werden.

Investiert werden soll in „Förderschulen" (+120.000,0 T€), u.a. in deren „angemessene Ausstattung in personeller, räumlicher und sachlicher Hinsicht" und in die „Neugründung von zusätzlichen Förderschulen" sowie in „Berufsqualifizierende Bildungsgänge" (+28.323,9 T€). Gleichzeitig sollen die „Leistungen für Ausbildungs- und Berufsvorbereitung an beruflichen Schulen sowie Mittelstufe an Schulen für Erwachsene" (–12.174,4 T€) gekürzt werden. Die „Berufliche Weiterbildung" soll mit zusätzlichen 30.000,0 T€ unterstützt werden.

Weiter setzt sich die Fraktion für eine „Sicherstellung der 105%igen Unterrichtsversorgung" durch die Erhöhung der Personalausgaben um 46.110,0 T€ ein. Gefordert wird zudem die

„Stärkung des dreigliedrigen Schulsystems" (+95.000,0 T€)
„insbesondere im Bereich der Berufsvorbereitung".

In einem Antrag mit dem Titel „Alle Auszubildenden unabhängig ihrer Herkunft gleichbehandeln" (−4.750,0 T€) wird
die Reduzierung von Geldern für Programme zur Erstausbil-
dung gefordert. Begründet wird der Antrag wie folgt:

> „Das Erlernen der deutschen Sprache liegt in der Verant-
> wortung der Menschen, die in Deutschland eine Ausbil-
> dung aufnehmen wollen. Eine Investition in ausreisepflich-
> tige Personengruppen ist überflüssig."

Gestrichen werden sollen außerdem die Mittel für die „Förderung des Internatsbetriebs des privaten Litauischen Gymnasi-
ums" (−70,0 T€) mit der Begründung, dass „nach Aussage der
Schule vorwiegend einheimische Kinder beschult" werden.

Mit vier Anträgen fordert die Fraktion die vollständige
„Streichung der Landesmittel für das Studienkolleg" an den
hessischen Universitäten in Frankfurt/M. (−1.097,1 T€), in
Marburg (−1.383,3 T€), in Darmstadt (−901,0 T€) und in Kassel (−339,2 T€) mit der Begründung:

> „Die Studienvorbereitung von Bewerbern mit einer auslän-
> dischen Hochschulzugangsberechtigung, welche für die
> Aufnahme eines Studiums an einer deutschen Hochschule
> ohne zusätzliche Vorbereitung nicht ausreichend ist, sollte
> ausländischen Bewerbern vollumfänglich in Rechnung ge-
> stellt werden."

Soziales, Gender und Gesundheit

Beantragt wird die Streichung der Mittel zur „Teilhabe am gesellschaftlichen Leben und Ausgleich von sozialen Benachteili-
gungen" (−80,0 T€). Dabei geht es darum, „Menschen mit ge-
ringem Einkommen den Zugang zu Hygieneartikeln und Ver-
hütungsmitteln [zu] ermöglichen". Aus Sicht der AfD-Fraktion

wäre es richtig, „den Regelsatz anzugleichen und/oder den Mehrbedarf für erwerbsfähige behinderte Menschen zu erhöhen".

Weiter geht es um die „Umwidmung der Beiträge aus dem Teilbudget Gender für Qualität und Effizienz von Forschung und Lehre", denn eine „explizite Berufung von Frauen [...] wirkt diskriminierend gegenüber anderen Geschlechtern".

Die Fraktion fordert die „Einführung eines ‚Hebammenbonus' in Hessen entsprechend des bayerischen Modells" (+1.500,0 T€), um „auch künftig das flächendeckende Angebot an geburtshilflichen Leistungen in ganz Hessen" zu erhalten.

In einem weiteren Antrag geht es aus gegebenem Anlass – „Todesfälle aufgrund Lysterien-verseuchter Wurst der Fa. Wilke" – darum, die „Lebensmittelsicherheit durch mehr Personal und Sachmittel [zu] stärken" (+1.296,0 T€).

Wirtschaft, Energie, Verkehr und Wohnen

Gefordert wird die komplette „Streichung der Mittel für Zinsverbilligungen im Bereich der Wirtschaftsförderung" (–5.000,0 T€) und „der Mittel für den Haftungs- und Beteiligungsfonds" (–31.730,0 T€).

In einem Antrag mit dem Titel „Der Markt braucht keine Marktstrukturförderung" wird erklärt, „Markteingriffe seitens des Staates sind abzulehnen" und „dementsprechend ist der Verzicht auf damit im Zusammenhang stehende Zuschüsse des Bundes konsequent und richtig".

Beschränkt werden soll ferner der „Ökoaktionsplan auf Forschung" (–2.977,9 T€), denn „die Weiterentwicklung und Verbreitung des ökologischen Landbaus in Hessen kann keine staatliche Aufgabe sein, sondern wird durch den Markt geregelt."

Eine „Verfolgung utopischer energiepolitischer Ziele zu Lasten des Steuerzahlers" sei abzulehnen, weshalb eine „Verringerung der Mittel für ‚Energie'" (–3.000,0 T€) beantragt wird.

Weiter sollen die kompletten Bewilligungsvolumina für „Mobiles Hessen 2030 und Elektromobilität" (–6.850,3 T€) und „Innovative Mobilität" (–6.628,7 T€) gestrichen werden, ebenso wie die „Mittel für den Erwerb von Belegungsrechten" (–14.000,0 T€) für bestehenden Wohnraum und die „Zuschüsse für Wohnraum für Flüchtlinge" (–2.503,0 T€).

In einem Antrag geht es um die Reduzierung der „Klimaschutzmaßnahmen" (–16.354,2 T€), denn diese seien „fragwürdig und wirtschaftlich nicht verhältnismäßig". Begründet wird der Antrag u.a. wie folgt:

> „Klima kann man nicht schützen, Klimawandel hat es erdgeschichtlich schon immer gegeben und wird es auch weiterhin geben. Ein menschengemachter Effekt ist nicht sicher nachgewiesen."

Die Fraktion lehnt didaktische Bildungsmaßnahmen im Kontext von Klimaschutz ab und fordert, die „nonformale Bildung für nachhaltige Entwicklung einzustellen" (–2.512,0 T€) und das Volumen für die „Nachhaltigkeitsstrategie Hessen" (–1.487,5 T€) zu streichen. Auch die „Zuwendungen an Klimaschutzverbände" (–4.486,0 T€) sollen von 5.190,0 T€ auf 704,0 T€ reduziert werden.

Gestärkt werden soll die „Unabhängigkeit der Verbraucherschutzverbände", weshalb „Einzelmaßnahmen, wie das ‚nachhaltige Ernährungsverhalten'", und deren staatliche Finanzierung abzulehnen seien.

Deutung

Die jährlich stattfindenden Beratungen zum vorgelegten Haushaltsplan des Landes sind Zentren der parlamentarischen Arbeit und immer auch der Kontroversen zwischen Regierung (-sparteien) und Opposition(-sparteien). Hier werden Grundlinien der Politik diskutiert und landespolitische Richtungen markiert, werden Anträge zu den Einzelhaushalten eingebracht.

Diese zeigen inhaltlich und in Zahlen ausgedrückt, wohin aus Sicht der Regierungsparteien und der einzelnen Oppositionsparteien „die Reise des Landes gehen soll".

Dieses Instrument nutzt auch die AfD, und ihre 57 Änderungsanträge für das Haushaltsjahr 2020 zeigen eindrucksvoll, welche Politikfelder sie aufnimmt und angreift, welche sie favorisiert und in welche Richtung sie das Land verändern und entwickeln will.

Kürzen, streichen, abschaffen

1. Im Zentrum von mehreren Anträgen stehen die finanziellen Mittel, die für die Arbeit (Bildung, Ausbildung, Beratung, Betreuung) mit Geflüchteten und Asylbewerbern, für Zuwanderung und Integration, Sprachförderung und Studienvorbereitung vorgesehen sind. Sie werden als **überflüssig** deklariert, sollen **gekürzt** und **gestrichen** und damit ganze Arbeitsbereiche **abgeschafft und aufgelöst** werden. Zugleich soll die Zahl der Abschiebeplätze und Stellen bei der Justiz – auch wegen „den vielen Asylverfahren" – erhöht werden.

2. Die Mittel für die LAKS sollen – weil sie nicht **politisch neutral** sei und nicht der „**Heimat- und Brauchtumspflege**" dient – **gestrichen** und für die beiden christlichen Kirchen gekürzt werden; im Bereich Bildung sollen die Mittel für die Studienkollegs an den Universitäten gestrichen, die Mittel für Ganztagsangebot und für Schüler*innen mit Migrationshintergrund reduziert werden. Investitionen in ausreisepflichtige Personengruppen werden als **überflüssig** deklariert und wiederholt wird das dreigliedrige Schulsystem und die Berufsqualifizierung positiv benannt.

3. Die Mittel für Gender an Hochschulen sollen **umgewidmet** und die für „Teilhabe am gesellschaftlichen Leben" **gestrichen** werden.

4. Mehrere Anträge sind wirtschafts- und marktfreundlich, staatliche Zuständigkeiten und Aktivitäten sollen **gestri-**

chen oder **reduziert** werden; das gilt v. a. für die Energieaktivitäten, für Klimaschutz, Bildungsmaßnahmen, Nachhaltigkeit und die Reduzierung von Zuwendungen an Verbände. Zu den geforderten **Streichungen** gehören explizit auch die „Zuschüsse für Wohnraum für Geflüchtete".

Weiter gibt sich die AfD **sparsam** – so in Anträgen zur Kreditaufnahme, zu Dienstreisen und zur EU.

Erhöhen, umschichten, umwidmen

In zahlreichen Anträgen werden Mittelerhöhungen und Umschichtungen gefordert, die (angeblich) in ihre Politikvorstellungen passen: Das gilt für einzelne Berufsgruppen (Polizei, Justiz, Hebammen), die Unterrichtsversorgung, Berufsvorbereitung und Förderschulen, die deutsche Sprache, für innerfamiliäre Bildung und für den Volksbund Deutsche Kriegsgräberfürsorge (VDK). Der VDK wird in die Pflicht genommen, der Antrag ist mit dem Auftrag der Soldatenehrung und Traditionspflege versehen.

In den Anträgen zeigen sich einige Facetten der ideologischen Kontur der AfD-Fraktion. Die ihr missliebige(n) Förderung und Aktivitäten werden infrage gestellt, angezweifelt und verunsichert und sollen destabilisiert und abgewickelt, andere (ihr genehme) Bereiche sollen gefördert werden. Würden die Anträge umgesetzt, dann würden Angebote und Arbeitszusammenhänge wegfallen, würden sich Strukturen und Praxisfelder auflösen; das gilt v. a. für Integrationsaktivitäten sowie die Arbeit mit Geflüchteten und Asylsuchenden. Weiter würde der Klimawandel nicht bekämpft und gäbe es keine Energiewende. Einige Anträge zeigen ein janusköpfiges Staatsverständnis: Auf der einen Seite wird marktwirtschaftlich-neoliberal, auf der anderen Seite innen- und migrationspolitisch hart und autoritär argumentiert und gefordert.

Die AfD zeigt deutlich und offen, dass sie vor dem Hintergrund ihrer fremdenfeindlichen und autoritären Orientierung sowie ihres völkischen Denkens die Förderung in Bereichen der Migration und Integration, von Emanzipation und Genderpolitik, der kritischen Bildung und des kulturellen Pluralismus ablehnt und abschaffen will. Distanz markiert sie auch gegenüber den beiden christlichen Kirchen. Es sind Anträge und rhetorische Versuche, auf die Landespolitik einzuwirken, und es wird – als einschüchternde Drohgebärde an Strukturen, Träger, Konzepte und Personen – gezeigt, in welche Richtung das Land verändert werden soll.

Anmerkungen

1   Die Junge Alternative (JA) in Hessen wählte am 27. 1. 2019 ihren neuen Landesvorstand. Gewählt wurde eine Doppelspitze mit Jens Mierdel (Kreistagsabgeordneter im Landkreis Fulda) und Michael Werl (Vorsitzender der AfD-Fraktion im Kasseler Rathaus), stellvertretender Landessprecher wurde Patrick Pana aus Wiesbaden und zum Beisitzer in den Landesvorstand wurde Manuel Wurm (Rödermark) gewählt. Sie alle haben eine Vergangenheit in der „Identitären Bewegung" (IB). Mierdel, Werl und Pana wurden Kontakte und Einbindungen zur rechtsextremen IB nachgewiesen, dabei hatte Mierdel u. a. die kommissarische Leitung der IB in Hessen bis Mitte 2015 inne. Werl lebte u. a. im Haus der rechtsradikalen Kasseler Burschenschaft „Germania", Pana und Wurm haben mit weiteren Mitgliedern der JA Hessen an der Winterakademie des „Instituts für Staatspolitik" – einer Denkfabrik der sogenannten Neuen Rechten – in Schnellroda (Thüringen) teilgenommen (vgl. FR vom 29. 1. 2019).

2   Die FDP-Fraktion hatte ihre Unterstützung signalisiert und davor gewarnt, der AfD eine Opferrolle zuzugestehen.

3   Auch die Linksfraktion ist nicht in der Parlamentarischen Kontrollkommission vertreten; ihr Abgeordneter – ein scharfer Kritiker des Verfassungsschutzes – erhielt 31 Stimmen der 137 Mitglieder des Landtages.

4   Zu den Varianten der externen Einflussnahmen im Bereich der Sozialen Arbeit in NRW vgl. die Studie von Gille/Jagusch (2019). In ihr werden vier Varianten deutlich: „Strukturen angreifen", „Bedrohen", „Sozialräumliche Inszenierungen" und „Agenda-Setting". Die Perspektiven sind: „Bestehendes destabilisieren" und „neues schaffen".

5   Die schriftlichen Dokumente sind „standardisierte Artefakte", die unabhängig vom unserem Forschungsvorhaben vorliegen und zugleich als fremdproduzierte Materiallage zur Verfügung stehen sowie als eigenständige Erhebungsform zu verstehen sind (Wolff 2012, S. 502 ff.).

6   Es gibt eine kritische politisch-öffentliche Diskussion– durch ein Rechtsgutachten belegt – über die grundsätzliche Eignung von DITIB als Kooperationspartner; weil DITIB u. a. ein verlängerter Arm einer autoritären Regierung und von der türkischen Regierung (der AKP) beeinflusst ist. Es gibt gute Gründe, die Kooperation mit dem Moscheeverband zu beenden – die endgültige Entscheidung war Anfang Februar 2020 in Hessen noch offen. In der Auseinandersetzung um DITIB gilt es jedoch, den Kontext, die Konnotationen und die Logiken (Interessen) der Argumentation zu unterscheiden.

7   In allen Bundesländern und auf kommunaler Ebene macht die AfD – mit Bezug auf das angebliche „Neutralitätsgebot" – Stimmung gegen weite Teile der Kulturszene; sie thematisiert Theater und Museen, Spielpläne und Ausstellungen sowie die Förderpolitik. Der Kern des Kulturverständnisses der AfD ist „Heimatliebe" und „positive Identifikation mit Tradition und Kultur, Region und Land". Beispielhaft entlarvend ist hier die Anfrage in Baden-Württemberg; im Juni 2019 will die AfD-Fraktion in einer Kleinen Anfrage an das Wissenschaftsministerium die „Staatsangehörigkeiten" von Künstler*innen an staatlichen Bühnen wissen.

8   Die AfD meinte, ihr stünde nach der Berechnung der Überhang- und Ausgleichsmandate ein Mandat mehr zu. Der Einspruch wurde im Dezember 2019 negativ beschieden.

5. Reden und Verhalten im Parlament

Die Redebeiträge und Verhaltensweisen von AfD-Fraktionen
und von einzelnen Abgeordneten sind für den Bundestag und
einzelne Landtage wiederholt beobachtet und beschrieben worden (u. a. Schroeder et al. 2017, Butterwegge 2018, Ruhose 2018,
2019). Danach bewegen sich die parlamentarischen Strategien –
die abhängig vom Typus und der innerfraktionellen Heterogeni-
tät, einem mehr gemäßigten oder mehr aggressiven Populismus
zuzurechnen sind – v. a. im Spektrum folgender acht Merkmale.
Sie zeigen, mit welchen Akzentsetzungen und welchem Mix die
parlamentarische Wirklichkeit konfrontiert ist:

- Parlament als Instrument, Bühne und Ort der Konfrontation, Skandalisierung und Provokation für die Kernthemen
  und Ideologeme (verbunden mit typischen rhetorischen
  Mustern, Hass und Hetze). Dabei geht es vielfach mehr um
  „Lautstärke" als um „Argumente";
- Fundamentalopposition und Dauerkritik an der Politik der
  von ihnen so genannten „Altparteien" (emotionales Negati-
  ve Campaining);
- Arbeitsteilung – danach gibt es eine Sowohl-als-auch Stra-
  tegie mit aggressiv und bieder-seriös auftretenden Akteu-
  ren;
- Anpassung an Parlamentsregeln, Präsenz im Plenum und
  Demonstration von Fleiß (auch durch die Häufung von
  Anträgen und Anfragen);
- Selbstbeschreibung als „Anwalt der kleinen Leute", als
  „Kümmerer";
- Desinteresse, Inkompetenz und Faulheit – v. a. in der Sach-/
  Ausschussarbeit ist die AfD kaum wahrnehmbar; andere ar-
  beiten „durchaus fleißig" mit;
- Suche nach Anerkennung und Zugehörigkeit sowie Versu-
  che von Normalisierung – mit Kontaktversuchen zu ande-
  ren Parteien;

- dann auch zunehmende Professionalisierung und Professionalität (Einstellung von Mitarbeiter*innen, Besetzung von Themenfeldern).

In mehreren Plenarsitzungen haben wir im Jahr 2019 jeweils über mehrere Stunden die Verhaltensweisen und Redebeiträge der 18 AfD-Abgeordneten im Hessischen Landtag beobachtet. Die teilnehmende Beobachtung aus der Perspektive des Besuchers von Plenarsitzungen ergibt ein vielschichtiges Bild, und es können politische Denkmuster und Positionen, Verhaltensweisen und Umgangsformen der AfD bzw. von einzelnen Abgeordneten identifiziert werden, die wiederholt auftreten und auf parlamentarische Varianten rechtspopulistischer Politik- und Rhetorikstrategien hinweisen.

Die o. g. Merkmale lassen sich auch bei der AfD-Landtagsfraktion in Hessen beobachten und werden im Folgenden komplettiert und konkretisiert. Deutlich wird, wie sie – neu im Landtag – als konkurrierende Partei (mit erfahrenen und neuen, gemäßigten und radikalen Akteuren in der Politik) im Parteienwettbewerb in der Landespolitik agiert und wie sie versucht, die Agenda und den Diskurs nach rechts zu beeinflussen und zu verschieben. Dabei zeigen die Beobachtungen, dass die Fraktion in der Regel vollständig anwesend ist und eher vereinzelt Abgeordnete fehlen oder vor dem Ende der Sitzungen den Plenarsaal verlassen. Es kann mit Blick auf Präsens eine deutliche Fraktionsdisziplin konstatiert werden.

5.1 Redebeiträge

Die inhaltliche Seite von Redebeiträgen in Plenardebatten bezieht sich auf die jeweiligen Tagesordnungspunkte der Plenarsitzungen mit ihren Anträgen, Anfragen, Aktuellen Stunden und Gesetzesvorlagen – und damit auf das gesamte Themenspektrum der Landespolitik. Die AfD-Fraktion ist „gezwungen", ihre Oppositionsrolle anzunehmen und über eigene Tagesordnungspunkte (Aktuellen Stunden, Große Anfragen, Anträge) das Parlamentsgeschehen mit zu beeinflussen. Mit der Wahrnehmung ihrer Redezeit kann sie – weiter mit Nachfragen und Zwischenrufen – agieren. Im mündlichen Agieren sind deutliche Unterschiede erkennbar, die sich in einem mehr engen Sachbezug (sich kritisch und/oder mit alternativen Vorschlägen) auf ein Thema beziehen, dann mehr ihre ideologischen Kerne deutlich machen oder sich mehr in allgemeinen Kommentierungen und Formeln über die falsche Politik und deren angeblichen Folgen niederschlagen. Die Unterschiede zeigen sich auch in der Form der Präsentation und mit Blick auf das Redevermögen von einzelnen Abgeordneten. Aus den Beobachtungen können folgende Varianten identifiziert werden:

Variante 1:
Die Redebeiträge sind einmal mehr sachlich und gemäßigt gehalten, dann sind sie lustlos und uninspiriert – auch geprägt von Unvermögen und Inkompetenz, Banalität und plakativen Formulierungen. Weiter sind einige mit einer bestimmten normativen Semantik – populistischer und kämpferischer Rhetorik und Fundamentalkritik – verbunden; sie sind ideologisch-aggressiv und stellen propagandistisch die Grundüberzeugungen liberaler und freiheitlicher Gesellschaften und rechtsstaatlich verfasster Demokratien infrage. So ist von „in die Jahre gekommenen Parteien" oder einer „schwarz-rot-grün-dunkelgelben Regierung", von „deutschem Kulturgut", „deutscher Leitkultur" und „deutscher Identität" oder von „regenbogenaffinen Parteien", dem „Scherbenhaufen" oder „zerstörender Politik", der „Gefahr für die Demokratie" die Rede. Gefordert werden „fundamentale Änderungen". Es gibt bei solchen Beiträgen und Formulierungen wiederholt anhaltenden Beifall von der gesamten AfD-Fraktion.

Insgesamt kann konstatiert werden, dass die Redebeiträge durchweg kaum inspirierend und intellektuell wenig anspruchsvoll sind. Eine Gabe für provokative Zuspitzungen in der Diagnose von Fragen und Themen sowie der Suche nach Lösungen –

die der Debattenkultur generell guttun würde – ist von Seiten der AfD nicht zu erkennen. Die politische Weltsicht ist mit einer dichotomischen (Entweder-oder-)Grundstruktur verbunden, die auf komplexe Verhältnisse und Herausforderungen in einer freiheitlichen und pluralistischen Gesellschaft keine wirklichen differenzierten Antworten weiß.

Variante 2:
Zwei Debatten ragten im September und Dezember 2019 heraus, in denen die AfD-Fraktion besonders deutlich zeigte, wie sie ideologisch aufgestellt ist und mit welchem Politikstil sie agiert; hier hat sie ihre „Selbstverharmlosung" aufgegeben. Bis zu diesen Auseinandersetzungen galt, dass die AfD-Fraktion versuchte, eher nicht besonders negativ aufzufallen und mehr gemäßigt und kritisierend oder dosiert beschimpfend aufzutreten.

Erste Debatte: Am 5. September 2019 kam es zu einer heftigen emotionalen Auseinandersetzung zwischen dem Ministerpräsidenten Volker Bouffier (CDU), allen Parteien (CDU, SPD, Grünen, Linke) und der AfD. Die AfD hatte nach dem Zeitungsinterview (F.A.Z. vom 12. August 2019) des Ministerpräsidenten eine Debatte über den „politischen Umgang mit Gewalttaten in Hessen" beantragt. Anlass war: Die stellvertretende AfD-Fraktionsvorsitzende im Bundestag Beatrix von Storch hatte nach dem Mord an einem achtjährigen Jungen im Frankfurter Hauptbahnhof die Bundeskanzlerin und ihre Flüchtlingspolitik mitverantwortlich gemacht. Die Tat wurde Flüchtlingen zugeschoben, von der AfD politisch instrumentalisiert und mit Schuldzuweisungen verbunden, die – so ihre wiederkehrende Diktion – solche Taten (und alles Unglück) den Flüchtlingen und demokratischen Parteien anlastet.

Der Ministerpräsident hatte daraufhin in dem Zeitungsinterview die AfD für ein Klima mitverantwortlich gemacht, in dem „Gewalt als Lösung denkbar" werde und die Partei eine „permanente Grenzüberschreitung von rechts zu rechtsextrem"

vollziehe; weiter sagte er, bei „Hetze, Spaltung und Gewalt werde ich nie mitgehen", und an die AfD gerichtet: „Was wir hier
erleben, ist eine bürgerliche Maskerade". Für die AfD ging es –
mit der Rede des Landes- und Fraktionsvorsitzenden Klaus
Herrmann – um den Ministerpräsidenten, der „aus niederen Be-
weggründen" die AfD beschädigen wolle und Lügen über sie
verbreite", und er sei – so ihr inszenierter Opferblick – charak-
terlos und „mitschuldig an den zunehmenden gewalttätigen Angriffen auf AfD-Mitglieder" (vgl. F.A.Z. und FR vom 6. September 2019). Als Herrmann in der Debatte vom Rednerpult zu
seinem Platz zurückkehrte, erhoben sich Parteifreunde, um ihm
stehend zu applaudieren. Der Vizepräsident des Landtages re-
agierte mit einer Rüge des Abgeordneten Herrmann und es gab
Applaus von den anderen Fraktionen.

Vier Wochen nach dieser Debatte kam es zu einer Kontroverse zwischen dem Landtagspräsidenten und dem Fraktions-
chef der AfD. Für den Landtagspräsidenten war

„die Aktuelle Stunde der AfD, in der der tragische Tod eines kleinen Jungen für rechtspopulistische Aussagen miss-
braucht wurde, ein Tiefpunkt im Hessischen Landtag, und
da wurde eine Grenze überschritten.

Sollte sich ein derartiges Verhalten der AfD wiederholen,
werden wir die Ordnungsmaßnahmen, angefangen mit
Rüge über den Ordnungsruf bis hin zum Sitzungsaus-
schluss, ausschöpfen, falls nötig.

Ein solches Verhalten akzeptieren wir nicht, das haben auch
die Reaktionen aller anderen Fraktionen deutlich gemacht"
(F.A.Z. vom 1. Oktober 2019).

Zweite Debatte: Am 13. Dezember 2019 führte die Debatte
über die Bedrohung von Kommunalpolitikern, Ehrenamtlichen
und Verwaltungsmitarbeitern – dem ein Antrag der SPD-Frak-

tion zugrunde lag und nach dem Experten zu dem Thema ange-
hört werden sollten – zu einer scharfen Kontroverse. Der parlamentarische Geschäftsführer der AfD-Fraktion sprach gegenüber der SPD-Fraktion und der Fraktion Die Linke von „roter
SA", vom Paktieren mit der Antifa und dass man – so die Drohgebärde von einem SPD-Abgeordneten ein Bild habe.

Variante 3:

Einzelne Abgeordnete versuchen mit einer mehr sachlich-ruhi-
gen oder mehr wortgewaltigen und wirkungsmächtigen Sprache
(mit Metaphern des Untergangs, Kritik einer angeblichen Politik, die sich gegen die kleinen Leute oder das Handwerk richten
würde) sowie regelmäßigen Wiederholungen, ihre politischen
Positionen salonfähig zu machen. In der Mobilisierung der eigenen Themen und Ideologemen mischt sich Demokratiekritik
mit der Kritik an der Politik des Regierungshandelns in allen ihren Feldern. Zwei Beispiele belegen dies exemplarisch: So sagte
ein AfD-Abgeordneter bei einer Debatte über den Antrag der
Linken zum Klimaschutz, dieser würde zur „Religion" erhoben,
überhaupt sei ein Wandel des Klimas seit jeher normal und Klimaschutz mache keinen Sinn. Dann wollte sich die AfD vor
dem Hintergrund des wegen Mordes angeklagten Ali B. an Su-
sanna F. symbolisch an die Seite der Familien stellen, „deren
Kinder Opfer der rechtswidrigen Politik der offenen Grenzen
der Bundesregierung unter Führung von Bundeskanzlerin Angela Merkel sowie der hessischen Landesregierung unter Führung vom Ministerpräsident Volker Bouffier" seien (F.A.Z. vom
5. April 2019).

Variante 4:

Die Redebeiträge variieren – während einige Abgeordnete in
der Lage sind, die Inhalte in der Redezeit (in einem Mix aus Ab-
lesen und freier Rede) vorzutragen, sind andere rhetorisch wenig
gewandt, lesen mehr holprig und wenig engagiert ihren Text ab;
vielfach wird die zustehende Redezeit nicht genutzt (oftmals

sind sie nach ein bis zwei Minuten fertig). Einzelne Abgeordnete wirken vor ihrer (eher kurzen) Rede nervös, laufen hin und her, vergewissern sich beim Fraktionsvorsitzenden, werden vor und nach ihrer Rede von ihm „betreut". Es gibt inhaltsleere Reden, so sprach die AfD-Abgeordnete zum Nationalpark Kellerwald über einen „Käfer, der einen sehr schönen Namen trägt"; oder ein Abgeordneter bezeichnete im Rahmen der Regierungserklärung zur „Digitalstrategie der Landesregierung" die Digitalisierung wiederholt als „sexy, modern und positiv".

Variante 5:

In der arbeitsteiligen Zuständigkeit von Abgeordneten für bestimmte Themenbereiche kommen entsprechend der jeweiligen Tagesordnung der Plenarsitzung unterschiedliche Abgeordnete zu Wort. Sie legen – als „parlamentsorientierte Fraktion" – in den Aktuellen Stunden, zu den eigenen Anträgen, zu den Anträgen anderer Fraktionen, zu den Regierungserklärungen ihre Position dar.

Variante 6:

Die AfD-Fraktion ist auch für Überraschungen gut. So hat sie im Dezember 2019 sich in die Debatte über den von der Regierungskoalition eingebrachten Gesetzesentwurf „Gesetz zur Verbesserung der politischen Teilhabe von ausländischen Einwohnerinnen und Einwohnern an der Kommunalpolitik sowie zur Änderung kommunal- und wahlrechtlicher Vorschriften" (Drucksache 20/1644, Gesetzesentwurf zur Änderung der HGO) eingemischt und für eine Stärkung der Ausländerbeiräte plädiert. Den Gesetzentwurf nannte die AfD eine „Frechheit" und die Regierungsfraktionen hätten den „Zorn des Ausländerbeirates (der AGAH, d. V.) auf sich gezogen".

Variante 7:

Die Redebeiträge von AfD-Abgeordneten erhalten durchweg deutliche und demonstrative Zustimmung (Beifall) innerhalb der Fraktion und keine Zustimmung und keinen Beifall aus anderen Fraktionen.

5.2 Verhaltensweisen

Es ist zu unterscheiden zwischen Verhaltensweisen generell in der Aufmerksamkeit bei Parlamentsdebatten, gegenüber den Redebeiträgen von Vertretern anderer Fraktionen, innerhalb der AfD-Fraktion sowie im informellen Parlamentsgeschehen. Nach den Beobachtungen können 13 Varianten differenziert werden:

1. Zu beobachten sind Verhaltensweisen von AfD-Abgeordneten, die mit Merkmalen verbunden sind, die auch auf alle Abgeordneten zutreffen. Diese beziehen sich auf eine Mischung aus aufmerksamem Zuhören, gelegentlichen Zwischenrufen, Lachen und Stöhnen oder abwehrenden Handbewegungen bei Redebeiträgen von Abgeordneten der anderen Fraktionen, dann Beifall von der eigenen Fraktion. Zu beobachten ist ein fast andauerndes Beschäftigt sein – Blättern in Unterlagen, Lesen von Papieren, Schreiben von Notizen, beschäftigt mit Laptop, Smartphone oder auch gelegentliches Telefonieren. Weiter gibt es Kurzgespräche mit anderen Abgeordneten (meist innerhalb der Fraktion). Auch äußerlich ist die AfD – mit Blick auf ihre Kleidung (Anzug, Krawatte) – höchst angepasst und korrekt, von anderen Parlamentariern ist sie nicht zu unterscheiden.

2. Zu Beginn der Plenarsitzungen und vor dem Einstieg in die Tagesordnung sind die Begrüßungen unter den Abgeordneten innerhalb und zwischen Fraktionen – in die die AfD nicht einbezogen wird – freundlich (bis herzlich), man gibt sich die Hand und redet ein paar Sätze. Das gilt mit Blick auf die AfD auch für den Fraktionsvorsitzenden, der wie alle Fraktionsvorsitzenden vom Landtagspräsiden-

ten per Handschlag begrüßt wird oder vereinzelt für kurze Begrüßungen und Gespräche mit einzelnen Abgeordneten während der Debatten im Plenarsaal.

3. Bei Begrüßungen mit formalen oder persönlichen Informationen durch den Landtagspräsidenten – z. B. Geburtstage, neuer Staatssekretär, Mutter geworden, ehemalige Abgeordnete auf der Besuchertribüne – klatschen alle Parlamentarier.

4. Während der Plenarsitzungen bleiben und kommunizieren die Abgeordneten der AfD unter sich und – wenn überhaupt – nur vereinzelt und kurz mal mit Abgeordneten der anderen Fraktionen. Das gilt auch für „Pausenaufenthalte" außerhalb des Plenarsaales.

5. Der Fraktionsvorsitzende zeigt ein korrektes und aufmerksames Verhalten; einerseits „spielt" er (wie viele andere Abgeordnete) mit Smartphone und Laptop, blättert in Unterlagen, andererseits ist er bemüht, den Redebeiträgen zu folgen. Er klatscht, klopft und nickt zustimmend auch bei Redebeiträgen von anderen Abgeordneten (v. a. der FDP, vereinzelt auch der CDU). Er ist der zentrale Akteur der Fraktion, der steuernd und disziplinierend wirkt, Redner ermuntert, wiederholt mit einzelnen Abgeordneten kommuniziert, der konzentriert und interessiert wirkt, immer wieder lange und demonstrativ klatscht.

6. Vor allem der Fraktionsvorsitzende versucht wiederholt Kontakt zu anderen Fraktionen bzw. einzelnen Abgeordneten – hier v. a. der FDP, auch weil die beiden Fraktionsvorsitzenden nebeneinandersitzen – aufzunehmen. Insgesamt ist zu beobachten, dass sich die AfD wiederholt an der FDP orientiert, man sieht rüber, wie sie sich verhält; die FDP bekommt oft Beifall von AfD-Abgeordneten.

7. Zu beobachten ist die Suche nach Anerkennung, Zugehörigkeit und Normalisierung im Parlamentsgeschehen. In der Parlamentsdebatte am 6. September 2019 wurde das Bedürfnis nach Anerkennung und Zugehörigkeit besonders deutlich, als der Fraktionsvorsitzende der AfD formulierte, dass seine Fraktion nach wie vor nicht im Präsidium vertreten sei, die anderen Fraktionen der AfD mit „moralischer Überheblichkeit begegneten" und „mit Ausnahme der FDP klatschen Sie ja nicht einmal, wenn jemand von uns seine erste Rede hält" (F.A.Z. vom 6. September 2019). Nachdem die drei Kandidaten bei der Wahl zum stellvertretenden Landtagspräsidenten durchgefallen waren, formulierte der Fraktionsvorsitzende der AfD in seiner Kritik sie werde weiter „ausgegrenzt, wo es nur geht"; und daran nehme die Demokratie Schaden. Außer der FDP unterstellte er den anderen Fraktionen, kandidierende AfD-Abgeordnete womöglich „gezielt zu beschädigen" (F.A.Z. vom 5. September 2019).

8. Das Verhalten der Fraktion bei den Redebeiträgen von anderen Parteien ist unterschiedlich und bewegt sich zwischen desinteressiert und interessiert; während Beiträgen von CDU und v.a. der FDP oftmals von einzelnen Abgeordneten der AfD mit Beifall (Klopfen, Nicken, Lachen) zugestimmt wird, gibt es keine Reaktionen oder eine deutliche Abwehr gegenüber Grünen, SPD und Linke. Wenn von seiten der CDU oder FDP die SPD oder Die Linke kritisiert bzw. angegriffen wird, gibt es meist zustimmenden Beifall (abwehrende Gesten, Lachen und auch Klopfen und Gejohle) von Seiten der AfD. Vor allem wenn von CDU-Seite die SPD oder Linke kritisiert (und angegriffen) wird, gibt es wiederholt Zustimmung (klatschen, klopfen, nicken) von AfD-Abgeordneten.

9. Im Verlauf der Plenarsitzungen wirken viele AfD-Abgeordnete bei den Beiträgen der anderen Parteien desinteres-

siert. Es gibt Gespräche untereinander, sie gehen raus, sind mit ihrem Smartphone oder Laptop beschäftigt; einzelne Abgeordnete hören wiederum durchaus interessiert und konzentriert zu. Vereinzelt wird in Aktuellen Stunden nachgefragt; so z. B. zum Klimaschutzplan oder den Klimazielen mit der Frage, „was da geschützt wird und was das für den einfachen hessischen Bürger, den Normalbürger, die kleinen Leute – z. B. die Fleischereiverkäuferin – bedeutet, was das ihn kostet und welchen Nutzen er davon hat".

10. Das Verhalten der AfD-Abgeordneten anlässlich der Würdigung „70 Jahre Grundgesetz" bei der 13. Plenarsitzung am 23. Mai 2019 machte deutlich, dass es in der Fraktion unterschiedliche Strömungen und Radikalisierungsphänomene gibt, dass einige die Strategie der „Selbstverharmlosung" nicht mittragen. Bei der Feierstunde, in der durch den Präsidenten des Hessischen Staatsgerichtshofes, Roman Poseck, das Grundgesetz gewürdigt wurde, haben sich alle Abgeordneten und die Landesregierung von ihren Sitzen erhoben und stehend applaudiert. Drei Abgeordnete der AfD-Fraktion – Andreas Lichert, Heiko Scholz und Dimitri Schulz – blieben demonstrativ sitzen und spendeten keinen Beifall, einige haben sich nach kurzem Beifall wieder gesetzt; sechs Abgeordnete klatschten stehend länger (darunter der Fraktionsvorsitzende). Hier können – so der beobachtete Eindruck – tief sitzende Emotionen vermutet werden, die anzeigen, wie und in welchem Ausmaß die verfasste liberale Demokratie (das „System") und die garantierten Grundrechte sowie deren Repräsentanten von Abgeordneten der AfD abgelehnt und verachtet werden.

11. Bei allen notwendigen politisch-parlamentarischen Kontroversen zwischen demokratischen Parteien zeigt sich, dass das parlamentarische (und auch gesellschaftliche) Kli-

ma, die Atmosphäre konfrontativer, roher und rauer, ruppiger und aggressiver sowie verletzender geworden ist. Es gibt Sitzungen, die mit den Redebeiträgen der AfD – welche immer mit Kritik an der Regierungspolitik und auch den Oppositionsparteien SPD und Linke verbunden sind – eher ruhig und ohne Krawall, emotionale und verbale Eruptionen verlaufen. Zugleich gibt es Sitzungen, in denen die AfD provoziert, laut und aggressiv agiert. Hier wird ihre Polarisierungs-, „Skandalisierungs- und Provokationsstrategie" deutlich (Schroeder/Weßels 2019, S. 38). Die AfD folgt dem Rhetorikmuster des rechten Populismus, indem sie mit Begriffen und Metaphern auf die Erregungsökonomie im digitalen Zeitalter setzt.

12. Bei Reden und Abstimmungen gibt es – verbunden mit unterschiedlichen Motivlagen und Interessen – ein „kunterbuntes" Durcheinander: So klatscht, nickt und klopft die AfD-Fraktion bzw. einzelne Abgeordnete schon mal zustimmend, wenn die SPD die Regierungspolitik kritisiert (z. B. bei der Regierungserklärung der Digitalministerin Sinemus zur „Digitalen Strategie"). Bei Redebeiträgen der FDP wird wiederholt mitgelacht, geschmunzelt und geklatscht (so z. B. zum Antrag der FDP zum Ladenöffnungsgesetz). Bei Zustimmungen klatschen FDP und AfD schon mal nach einer Rede eines CDU-Abgeordneten, lobt die AfD die FDP, klatscht der Fraktionsvorsitzende nach einer Rede des Ministerpräsidenten; oder ein Abgeordneter der AfD hört einem Beitrag der Linken interessiert – nickend und lachend – zu, freut sich über deren Kritik an den Regierungsparteien. Oder zu beobachten ist: Alle Parteien stimmen gegen Anträge der AfD, dann enthalten sich – aus unterschiedlichen Gründen – z. B. Linke und AfD bei einem SPD-Antrag, stimmen AfD und FDP mehrfach FDP-Anträgen zu, enthält sich die AfD bei einem CDU-/Grünen-Antrag.

13. Insgesamt wirkt die Fraktion – bei allen Differenzierungen – relativ gemäßigt, eher schüchtern, zurückhaltend und vorsichtig, rhetorisch meist wenig gewandt. Sie ist nicht schlagfertig, Redebeiträge werden vielfach kurz, nervös und manchmal auch holprig abgelesen und wenig emotional vorgetragen. Einzelne Angeordnete wirken gänzlich desinteressiert und abwesend, und der Fraktionsvorsitzende ist der zentrale und orientierende Akteur, der mit seinem Agieren versucht, die Fraktion zusammenzuhalten. Er blickt immer wieder zurück in die Fraktion, gibt Hinweise zum Verhalten (sich zu beruhigen).

Insgesamt zeigt die Partei mit ihrer parlamentarischen Repräsentanz und Präsenz – das belegen die Beobachtungen – ein formales sich Einlassen auf den Parlamentsbetrieb und eine (strategische?) Anpassung; sie unterliegt einem – mit welchen disziplinierenden (sprachlichen) Folgen, bleibt abzuwarten und weiter zu klären – gewissen „Zwang zur Anpassung an demokratische Spielregeln" (Adorno 2019, S. 36).

Dabei gilt zugleich prinzipiell auch für die Parlamente: Weil Propaganda und Beschwörung von Untergangsszenarien die Substanz ihrer Politik ausmacht, darf man nicht davon ausgehen, dass die populistische und extreme Rechte sich mäßigen würde, „sobald sie sich an bestimmte diskursive Regeln gewöhnt habe oder politisch eingebunden worden sei" (Volker Weiß, in: Adorno 2019, S. 82). Dabei sind die Rolle des „Kümmerers", die Opferinszenierung (man würde ausgegrenzt, ungerecht behandelt, provoziert), dann Varianten wie Polarisierung, Emotionalisierung, Entgleisungen, Provokationen und Grenzüberschreitungen immer Kalkül; und daher sind Vernunftappelle ebenso wirkungslos wie einhegendes Entgegenkommen und Versuche der Einbindung.

Die AfD ist vor diesem Hintergrund und mit ihrer politischen Weltsicht kein parlamentarischer Akteur im Sinne einer friedlichen Konkurrenz und eines demokratischen Wettstreites unterschiedlicher politischer Konzepte, politischer Positionen und Visionen in der pluralistischen Gesellschaft und der Weiterentwicklung einer parlamentarisch und rechtsstaatlich verfassten Demokratie.

6. Umgang mit AfD-Fraktionen

In der Auseinandersetzung und im Umgang mit der AfD und ihren Akteur*innen gilt es, Ebenen, Felder und Kontexte zu differenzieren. Dabei werden generell – zwischen kontrovers und abwägend – die Fragen diskutiert: Soll man sie ignorieren? Soll man ihnen Paroli bieten? Sollen sie sich selbst entzaubern? Oder muss man gar mit ihnen reden/zusammenarbeiten? Bis wohin diskutiere ich noch? Weiter ist im Umgang generell zu differenzieren: Handelt es sich um Wähler*innen oder um Funktionäre, Abgeordnete und Ideologieproduzenten? Die Antworten, Such- und Klärungsprozesse von entschiedenen, angemessenen und wirkungsvollen Umgangs- und Auseinandersetzungsformen sind für die einzelnen Parteien und als „Konsens der Demokraten" (noch) nicht abgeschlossen und offen; und sie sind sicher auch abhängig von der weiteren Entwicklung der AfD zwischen rechtem Pragmatismus, Populismus und Extremismus.

In der Beantwortung der Fragen und der Begründung von angemessenen und gelingenden Strategien der Auseinandersetzung mit rechtem Populismus und völkisch-nationalistischen Extremismus sind zu unterscheiden:

- die privaten und öffentlichen Alltagsverhältnisse (Familien, Bekanntenkreis, Stammtisch, Bus/Straßenbahn u.v.a.),
- die gesellschaftlich-institutionellen Kontexte (insbesondere pädagogische Felder, Bildungs- und Arbeitswelten),
- die zivilgesellschaftlichen Zusammenhänge (Vereine, Verbände, Kirchen, Gewerkschaften u.a.)
- und die politische Arena (Parlamente, Vertretungen, Ausschüsse und Gremien)

Im letzteren Feld sind die Parlamente als Orte der öffentlichen politischen Kommunikation und Politikgestaltung ein exklusiver Raum, in dem die AfD eine Herausforderung für alle anderen Parteien ist.

Bisher haben sich folgende – hier idealtypisch markierte und in der parlamentarischen Praxis als Mix anzutreffende – Umgangsstrategien bzw. Orientierungsvarianten mit der AfD herausgebildet. Es sind zugleich „von Fall zu Fall" begründete Umgangsstrategien, die nicht konkurrent zueinander sind, sondern jeweils ihre Plausibilität haben; sie lassen sich auch im Hessischen Landtag beobachten.

Abgrenzen und Distanz markieren

Der AfD wird zweierlei signalisiert: Erstens, dass über Menschenwürde, Grundrechte und Demokratie nicht zu diskutieren ist; zweitens, dass sie keine „normale", sondern eine menschen- und demokratiefeindliche, in Teilen rassistische und rechtsextreme Partei ist. Sie kann als demokratisch legitimierte (und z.T. große) Fraktion nicht ausgegrenzt und ignoriert werden; aber ihr kann deutlich gemacht werden, wo und warum man sie politisch verortet, was man von ihr hält, und – wenn sie menschenverachtend und rassistisch, provozierend und denunzierend agiert – kann man die Konfrontation suchen und annehmen, ihr „mit klarer Kante zeigen", dass demokratiepolitisch maximale Distanz und harte Abgrenzung (und hier auch Ausgrenzung) geboten ist. Schon Adorno (1971) und Orwell (1945/2020) haben darauf hingewiesen, dass es um ein menschen- und demokratiefeindliches Lager geht, das ab einer bestimmten Stufe der Radikalisierung und Ideologisierung mit Gegenargumenten nicht zu erreichen ist. Nach Adorno (1971) „haben wir es nicht nur mit Menschen zu tun, die wir bilden oder verändern können, sondern auch mit solchen, bei denen die Würfel bereits ausgespielt sind, vielfach solchen, für deren besondere Persönlichkeitsstruktur es charakteristisch ist, daß sie in einem gewissen Sinn verhärtet, nicht eigentlich der Erfahrung offen sind, nicht recht flexibel, kurz: unansprechbar" (S.110). So sind z.B. Entscheidungen plausibel, der AfD keinen Vizepräsidenten/keine Vizepräsidentin des Bundestages oder von Landtagen – so auch im Hessischen Landtag, weil die hessische AfD Teil der Gesamt-AfD mit nationalistisch-völkischen Tendenzen und Akteuren ist – zu gewähren oder sie in der Parlamentarischen Kontrollkommission vertreten zu lassen.

1. Dechiffrieren und inhaltliche Auseinandersetzung

Wenn es geboten ist, ist die inhaltliche Auseinandersetzung „von Fall zu Fall" zu suchen und anzunehmen und sind die inhaltlichen Argumente und die Rhetorik – so anstrengend und mühsam es auch ist, sich die Sichtweisen der AfD anzuhören – klug aufzunehmen und mit ihren (vielfach fatalen) Logiken, Folgen und auch Widersprüchen zu spiegeln und zu dechiffrieren. Dies folgt der Anregung von Adorno (2019), nach der den Gegnern die Konsequenzen ihres eigenen Denkens vor Augen geführt werden müssen; und die Wahrheit müsse gegen die fiktiven Zahlen, Lügen und Propaganda verteidigt werden. Dabei geht es weniger darum einzelne Abgeordnete zu überzeugen, sondern mit „guten Reden" den eigenen Standpunkt überzeugend zu vermitteln und zugleich der Öffentlichkeit bzw. den Wähler*innen aufklärend und vorführend (bloßstellend) mitzuteilen, mit welcher Partei man es zu tun hat und wohin die Reise gehen würde, wenn sie machtpolitisch etwas zu sagen hätte.

2. Sachfragen

In der Auseinandersetzung mit Sachfragen jenseits der „Dauerbrennerthemen" und Ideologieproduktion der AfD gilt es in öffentlichen Debatten nüchtern aufzudröseln und zu konstatieren, ob sie was, und wenn, was sie in der Gestaltung von konkreter Politik anzubieten hat; was z.B. in den vielen Feldern der Sozialpolitik, der Kinder- und Jugendhilfe, der Bildungs- und Umweltpolitik, der Innenpolitik ihr spezifischer Lösungsbeitrag ist.

3. Gelassenheit

Gelassenheit im Umgang heißt, nicht über jede Provokation und „jedes Stöckchen zu springen", sich den Umgang nicht diktieren zu lassen bzw. reflexhaft zu reagieren; zu sehen, ob es lohnt und Sinn macht, auf Argumente einzugehen, oder ob es besser ist, gelassen zu bleiben, ggf. auch Humor, Lächerlichkeit und Ironie anzubieten oder auch Aktivitäten souverän zu ignorieren bzw. die Akteure auflaufen zu lassen. Das ist auch ein Hinweis, nicht – verbunden mit einem Freund-Feind-/Gut-Böse-Denken – in eine Spirale der Provokation, der „Konfrontationslogik" und „Beschimpfungsfalle" zu geraten, wie sie gerade von der AfD gewollt, provoziert und inszeniert wird (vgl. mit Blick auf Talkshows: Weber 2019).

4. Opferrolle

Der Umgang muss formal korrekt sein und den parlamentarischen Regeln entsprechen, das gilt für die zustehenden parlamentarischen Befugnisse, z. B. für das Recht auf Ausschussvorsitzende, Wahlen in Gremien (z. B. Rundfunkrat, Landeszentrale für politische Bildung), für die materielle (finanzielle und räumliche) Ausstattung, Teilnahme an Vorhaben von parlamentarischen Delegationen.

Die AfD ist zwar keine „normale" Partei (weil sie sich nicht klar und unmissverständlich zur repräsentativen parlamentarischen Demokratie bekennt und in Teilen völkisch und rechtsextrem ist), aber sie ist eine demokratisch legitimierte Partei und damit wie alle Parteien gemäß Status und Größe (als Oppositionspartei) zu behandeln. Damit gilt es zu verhindern, dass die AfD den von ihr wiederholt propagierten „Opfermythos" pflegen und nach außen kommunizieren kann.

5. Spielregeln

Seitens des Präsidiums gilt es, auf die gewohnten Spielregeln und Gepflogenheiten des Parlamentes zu achten und diese durchzusetzen, d.h. die AfD in einen Anpassungsprozess zu „zwingen". Dabei sind von der Rüge bis zum Ausschluss von Sitzungen alle Sanktionsmöglichkeiten zu nutzen, wenn vonseiten der AfD persönlich beleidigt, mit menschenverachtender Rhetorik, mit Hass und Hetze agiert wird.

6. Anträge und Abstimmungen

Abgrenzung und Distanz zeigt sich auch darin, wie sich die etablierten Parteien bei Abstimmungen über Anträge und Anfragen der AfD verhalten und ob es Zustimmungen zu Redebeiträgen (Klatschen, Kopfnicken) gibt oder diese aus prinzipiellen Erwägungen verweigert werden. Es ist weitgehend Konsens in allen Parteien, dass mit Anträgen und Redebeiträgen der AfD argumentativ umgegangen wird/umgegangen werden muss, diese aber bei Abstimmungen abgelehnt und zurückgewiesen werden. Zustimmungen zu parlamentarischen AfD-Aktivitäten (Anträgen, Initiativen, Redebeiträgen) wären als ein Einfallstor für die Normalisierung der AfD zu sehen.

7. Normalisierung

AfD-Fraktionen sind – so auch in Hessen – auf der Suche nach Anerkennung und Zugehörigkeit, Aufmerksamkeit und Normalisierung. Für die anderen Parteien gilt, jeglicher Form von Kooperation mit der AfD, die – bei allen Differenzierungen von Landesverbänden und Fraktionen – auch als parlamentarischer Arm der Neuen Rechten bezeichnet werden kann, eine entschlossene Absage zu erteilen. Bei den begründeten differenzierten Auseinandersetzungen und Umgangsformen ist darauf zu achten, dass Grenzmarkierungen eingehalten werden und es keine „Einladungen" gibt, die zur Normalisierung der Rechtsaußenpartei beitragen. Zentraler Bezug ist der verfassungsbasierte Demokratiebegriff und sind die Menschenrechte als Fundament der Demokratie.

8. Eigene Agenda

Wesentlich ist, sich nicht auf die Agenda der AfD zu fixieren, ihr zu folgen und darauf zu reagieren, sondern unabhängig von deren Aktivitäten die Agenda und den Diskurs in der Politik – in produktiven Wettbewerb der demokratischen Parteien – selbst zu bestimmen, offensiv und überzeugend Lösungen für die gesellschaftlichen Herausforderungen, Themen und Probleme (die Zukunftsfragen unserer Zeit) in demokratischer Perspektive anzubieten und umzusetzen. Das gilt dann auch – über die AfD hinaus – für die Auseinandersetzung mit der politischen Kultur, die u. a. von alltäglichem Rassismus und alltäglichen Formen der Diskriminierung und Ausgrenzung gekennzeichnet ist, sowie die Förderung von Demokratie- und Bildungsprogrammen.

9. Erzählungen

Zur Agenda des Wettbewerbs und der Kompromissbereitschaft von demokratischen Parteien gehört auch, über die vier von der Politikwissenschaft zugewiesenen Funktionen – Repräsentation, Legitimation, Sozialisation und Elitenrekrutierung sowie Steuerung (Decker 2019, Niedermayer 2018) – hinaus, der katastrophischen und nationalistischen (reaktionären), simplen und gefährlichen Erzählung der AfD vom gesellschaftlichen Niedergang eigene zukunftsweisende Erzählungen und Narrative zur Gestaltung der Gesellschaft und Demokratie entgegenzusetzen. Solche durchaus komplexen Erzählmuster – die mit der Verteidigung der res publica, ihrer Institutionen und des bundesrepublikanischen Grundgesetzes verbunden sind – hätten die ambivalenten Erfahrungen und Widersprüche einer sich im gesellschaftlichen Strukturwandel befindenden epochalen Entwicklungsphase aufzunehmen und Antworten zu geben. Dabei kommt es auf die Kraft, „die respektvolle inhaltliche (nicht populistische) Konfrontation" (Pörksen/Schulz von Thun 2020) und progressive Kompromissbereitschaft der demokratischen Parteien an, die zentralen politischen Probleme des 21. Jahrhunderts zu lösen.

10. Kooperation und Vernetzung

Demokratiepolitisch wäre neben einer engagierten und differenzierten Förderpolitik – wie sie aktiv und ausgewiesen bereits im Rahmen des Landesprogramms „Hessen – aktiv für Demokratie und gegen Extremismus" realisiert wird –, die Kooperation und Vernetzung mit der Zivilgesellschaft, mit deren Trägern, Einrichtungen und Akteuren zu intensivieren und mit neuen

Formaten zu entwickeln und zu verstetigen. Die öffentliche Kommunikation zwischen Politik und Zivilgesellschaft, die mit landespolitischen Botschaften zu Demokratie und Menschenrechten, Teilhabe und Zusammenhalt verbunden ist, wäre ein wichtiges Signal und Bekenntnis in die Bevölkerung.

Informelle Kontexte

Neben dem formellen Alltag des Parlamentsbetriebes geht es auch um den Umgang im Informellen mit AfD-Abgeordneten im parlamentarischen Kontext – u. a. vor Sitzungsbeginn, in den Pausen, beim Treffen in der Cafeteria, der Fußballmannschaft der Parlamentarier. Hier haben sich (bisher) zwei (jeweils gut begründete) Varianten herauskristallisiert: Ignorieren, aus dem Weg gehen, Kontakte gänzlich vermeiden auf der einen Seite; auf der anderen Seite kurz und höflich das Mindestmaß an bürgerlich-zivilisierter Form wahren und begrüßen, ein paar Worte wechseln und kurz Beachtung schenken.

7. Bilanzierende Einschätzung und Ausblick

Aufgabe von Oppositionsparteien ist es verfassungsgemäß, parlamentarische Debatten anzuregen und Initiativen zu ergreifen. Es ist ihre Aufgabe und ihr Auftrag, die Regierung mit Anfragen und Anträgen, aktuellen Stunden und eigenen Gesetzesentwürfen zu konfrontieren und herauszufordern. Dies ist ein Kernmerkmal parlamentarisch verfasster Demokratien und zeigt ihre Transparenz, Lebendigkeit und das Ringen um bessere Lösungen. Die Regierungen sind – im Rahmen der Geschäftsordnung mit den dazugehörigen Fristen – verpflichtet, Auskunft zu erteilen und zu antworten. Anfragen, Anträge und Aktuelle Stunden sind auch – das gilt nicht nur, aber insbesondere für die AfD – ein Kampfinstrument in der politischen Auseinandersetzung.

Abgesehen von zahlreichen technisch-sachlich und unverfänglich gehaltenen Anträgen und Anfragen zeigt die Richtung der parlamentarischen und damit über die Presse öffentlich werdenden Aktivitäten der AfD in hohem Maße, was sie interessiert und wohin sie die Diskurslandschaft verändern will. Dabei scheint es in Hessen der Partei- und Fraktionsspitze zu gelingen, die unterschiedlichen Strömungen zu integrieren und der Partei mehrheitlich ein mehr rechts-konservatives/-populistisches Profil zu geben. Ihr geht es v. a. – vielfach mit detaillierten Fragekatalogen verbunden – um Informationen und Auskünfte über angebliche Missstände einer für sie durchweg in allen Bereichen „verfehlten Politik" von Regierung (und auch den Vorstellungen der anderen Oppositionsparteien), um eine ihr missliebige Förderpolitik, das Infragestellen und Denunzieren von Trägern und Handlungsfeldern, engagierten Akteuren und deren Aktivitäten. Diese sollen – so die Absicht der AfD, das wiederkehrende Muster und zentrale Ergebnis dieser Studie – mit vermeintlich kritischen Anfragen und Anträgen, mit einem unterstellenden und vermuteten Fragemodus oder auch eindeutiger ideologischer Rhetorik vorgeführt, skandalisiert und diskreditiert werden.[1]

Im Duktus der Fragen und der angeforderten Auskünfte sowie den Debattenbeiträgen schwingen Aspekte wie unkorrektes Vorgehen, missbräuchliches und rechtswidriges Handeln, vermeintliche Tatbestände und Verhaltensweisen, fehlende Kontrolle und Prüfung mit, die auf Delegitimierung in der öffentlichen Meinungsbildung zielen. Die AfD signalisiert damit, was und wen sie beobachtet, öffentlich macht, wem sie angebliches „Fehlverhalten" nachweisen, was und wen sie einschüchtern, diskreditieren, denunzieren, vorführen und unter Druck setzen will. Damit zusammenhängend wird versucht, eine Kultur der Angst zu erzeugen, Druck auf politisch Verantwortliche und Geldgeber auszulösen, die von ihr so genannten „Altparteien" vorzuführen, weil der AfD – blickt man summarisch auf die ideologische Grundlinie und ihre Aktivitäten mit ihrer konturierten Freund-Feind-Dichotomie – die ganze Richtung einer Politik nicht passt, die eine offene und liberale, demokratiefördernde und pluralistische Gesellschaft favorisiert.

Das hier generierte empirische Wissen über die parlamentarischen Aktivitäten zeigt, dass ein breites Themenspektrum aufgegriffen wird, und es zugleich Schwerpunkte und ideologische Zentren gibt. Ein übergeordnetes Ergebnis der Auswertung ist, dass die AfD das Parlament als Bühne und Gelegenheit ihrer politisch-ideologischen Vorstellungen in vielen Politikbereichen – insbesondere Migration, Sicherheit, Schule und Bildung, Gender, Kultur, Demokratieförderung, Klima – nutzt und instrumentalisiert. Es wird versucht, das Parlament zu einer Arena für populistische Botschaften und neurechter Diskursverschiebung zu machen. Dabei haben wir es mit einem mehr „parlamentsorientierten" Fraktionstypus zu tun, der zwischen moderat-aggressiv und populistisch-nationalistisch agiert, und dessen parlamentarischen Aktivitäten v. a. von einem Ineinander der folgenden Merkmale geprägt sind:

- Die AfD-Fraktion nutzt die Instrumente Anträge, Kleine Anfragen und Aktuelle Stunden intensiv und will mit ihren

Fragen zu Migration, Asyl und Flucht, zu Gender, Innere Sicherheit/Kriminalität, Klimawandel u.v.a. Themenbereichen vielfach nur provozieren, ihre Kernthemen popularisieren und externen Einfluss nehmen. Dabei meint externe Einflussnahme alle Versuche, auf landespolitische Themen, Strukturen, Träger, Konzepte, Förderung, Angebote und Personen Einfluss nehmen zu wollen.

• In den politischen Auseinandersetzungen wird versucht, v.a. soziale und kulturelle Themen und damit politisch-kulturelle Ängste (Migration, Überfremdung, sozialer Abstieg) in Teilen der Bevölkerung (v.a. den unteren sozialen Schichten) wiederholt (mit immer denselben, geradezu standardisierten Mustern und Sprachgesten) ganz oben zu halten und zu dramatisieren; den Diskurs in diese Richtung zu verschieben. Sozialen Gruppen werden wiederholt ethnisierte, kulturalisierte und rassifizierte Bilder und Haltungen zugewiesen; sie werden abgelehnt, abgewertet und ausgegrenzt.

• Es sind Denkmuster identifizierbar, die mit „gefühlten Wahrheiten" und „alternativen Fakten" seriöses Wissen und Konsens in der Wissenschaft (Klimawandel, Genderforschung, Migration) problematisieren, infrage stellen und leugnen. Man geriert sich als kritischer und alternativer Geist, der mit „gesundem Menschenverstand" und methodenkritisch mit angeblich eigener Expertise dem Mainstream widerspricht.

• Es sind Versuche, zu suggerieren, dass man mit Sachlichkeit landespolitische Fragen und Themen aufnimmt, angebliche Missstände als „Kümmererpartei" aufdeckt. Durch direktes und indirektes Anfragen, oft mit zunächst vermeintlich unverdächtig anmutenden und neutralen (informationsgeleiteten) Fragen, werden sukzessive Förderpolitik, Programme, Einrichtungen und Maßnahmen infrage gestellt, angegriffen, denunziert und – u. a. mit antifeministischem ideologischem Repertoire – für überflüssig erklärt. Dabei sind die Aktivitäten vielfach unqualifiziert und von Unkenntnis geprägt, belanglos und ohne Informationswert.

- Gepaart werden ein neoliberales Wirtschafts- und nationales Sozialstaatskonzept mit einem traditionellen und ausgrenzenden Verständnis sozialer und kultureller Werte und Normen (gegen kulturelle Diversität, Multikulturalismus, Feminismus und Einwanderung).

- Politisch-kulturell werden die „Bewahrung" und „Rettung" vor dem konstruierten „kulturellen Feind" (der von außen kommt – „die Migranten") und die „sichere Heimat" sowie regionale und deutsche Identität propagiert.

- Mit einer mehr „dosiert" und fragend formulierten oppositionellen Haltung zum etablierten politischen System sollen Politik und Träger der Zivilgesellschaft mit ihrem Engagement unter „Verdacht" und in Misskredit sowie Rechtfertigungsdruck geraten. Die Förderung von Aktivitäten der Zivilgesellschaft und im Kulturbereich wird infrage gestellt; ihre Freiräume, liberalen Freiheiten und zivilen Streiträume sollen eingeschränkt werden („Shrinking spaces"). Fragen sind offen oder subtil ideologisch formuliert, verbunden mit Unterstellungen, Diffamierung und Skandalisierung sollen sie provozieren und verunsichern.

- Beschäftigt und blockiert werden Verwaltung und Zivilgesellschaft, deren Ressourcen (Arbeitszeit) für die Beantwortung und Richtigstellung gebunden werden. Anfragen können – oftmals mit ihren vielen Fragen und zahlreichen Unterfragen, angesichts ihres Umfangs und ihrer Detailtiefe – mit einem sehr hohen Aufwand in den Ministerien (und nachgeordneten Behörden) verbunden sein; das kann Grenzen erreichen und mit administrativer Überkontrolle verbunden sein.

Vor allem die offen oder verdeckt ideologisch motivierten Anträge und Anfragen sowie die Subtexte gehören mit ihrer – vielfach kaum um Mäßigung bemühten – Rhetorik, ihren Formulierungen und Sprachgesten zur Strategie der AfD. Es sind Versuche, den öffentlichen und parlamentarischen politischen Diskurs zu beeinflussen und mit ihren Krisennarrativen nach rechts zu verschieben, eine Kultur der Verunsicherung, Denunziation und Ängstlichkeit zu erzeugen. Die Fragen und Beiträge sollen angebliche politische Probleme und Krisen-/Fehlentwicklungen einer bedrohten Ordnung und des mit Volksgemeinschaftsrhetorik verbundenen vermeintlichen „Überlebenskampfes" aufzeigen. Die „Altparteien" – so die Diktion der AfD – sollen mit ihrer „verfehlten Politik" entlarvt und vorgeführt werden. Der angebotene autoritäre, antiuniversalistische, illiberale und retardierende „Gegenentwurf" eines Neonationalismus – der als solcher aber kaum zu erkennen und ausformuliert, sondern eher ein populistisches „Potpourri" des gewöhnlichen (nationalistischen) Repertoires ist – soll demokratisch ausgehandelte und kompromissorientierte Politik denunzieren.

Durch parlamentarische Anträge, Anfragen und die Beantragung von Aktuellen Stunden im Landtag sollen demokratiebewusste und menschenrechtsbasierte Aktivitäten in allen gesellschaftlichen Bereichen, Teile der Zivilgesellschaft und der Kultur unter Druck geraten. Deren Träger und engagierten Akteure werden angegriffen und deren Förderung bzw. Förderungswürdigkeit wird problematisiert. Sie werden angefragt, sollen überprüft werden und sich (in die Defensive gedrängt) rechtfertigen; sie werden diffamiert und angefeindet, sollen eingeschüchtert und verängstigt, ihr Engagement soll beschnitten und ihre Handlungsspielräume sollen eingeengt werden.

Es geht der AfD um eine Veränderung des politischen Systems und der politischen Kultur nach rechts (vgl. Kellershohn/

Kastrup 2016). Diese zielt in Richtung einer autoritären Gesellschaft und einer staatlichen Verfasstheit, die – als illiberale und autoritäre Herrschaftsform – mit enger werdenden und mit Einschränkungen von demokratischen, pluralistischen, bildenden und kulturellen Handlungsspielräumen („Shrinking Spaces") verbunden ist. Dabei gibt man sich nicht offen antidemokratisch, sondern „beruft sich immer auf die wahre Demokratie und schilt die anderen antidemokratisch" (Adorno 2019, S. 75).

Ein Blick in andere Länder mit rechtspopulistischer Regierung bzw. Regierungsbeteiligung zeigt, wohin die Reise gehen soll und wie sich „rechte Räume" entwickeln. Es ist davon auszugehen, dass es – wenn die AfD jemals Regierungsverantwortung haben sollte – für kritische und emanzipatorische, demokratie- und menschenrechtsbewusste Träger, Vereine, Initiativen und Aktivitäten keine öffentlichen Fördergelder mehr geben wird.

Anmerkung

1   Theodor W. Adorno (2019) spricht hier von „Tricks" und „Propagandatechniken" mit permanenter Wiederholung. Weiter ist darauf hinzuweisen, dass Teile des Klientels der Partei mit besseren Argumenten kaum erreicht werden. Sie sind nicht an Argumenten interessiert und die Akteure können argumentieren, sich (pöbelnd, aggressiv, störend u. ä.) benehmen oder verhalten, wie sie wollen; sie erfahren Zustimmung und die AfD profitiert von ihren offensichtlichen taktischen Tricks und Strategien.

Dabei ist auch zu fragen, ob es überhaupt etwas zu entlarven gibt, weil völkisch-nationalistisches Denken und rechtsextreme Positionen ja offensichtlich sind und solche Parteien zum Teil nicht trotz ihres Rassismus, sondern deswegen gewählt worden sind.

Literatur

Ackermann, U. (2020): Das Schweigen der Mitte, Darmstadt.

Adorno, Theodor W. (1967/2019): Aspekte des neuen Rechtsradikalismus, Berlin.

Adorno, Theodor W. (1971): Zur Bekämpfung des Antisemitismus heute. In: Ders., Kritik. Kleine Schriften zur Gesellschaft, Frankfurt/M., S. 105–133.

AfD im EU-Parlament (2019): Twitter-Tweet vom 13.06.2019. URL: https://twitter.com/AfDimEUParl/status/1139166720860545024 – Download am 14.01.2020.

AfD Landesverband Hessen (2018): Hessen. Aber sicher! Wahlprogramm Landtagswahl Hessen 2018. URL: https://www.afd-hessen.de/landtagswahl-2018/ – Download vom 23.07.2019.

AfD-Fraktion im hessischen Landtag (2018): Karriereoptionen in unserer Fraktion. URL: https://www.afd-fraktion-hessen.de/karriere – Download am 30.01.2020

Bebnowski, D. (2015): Die Alternative für Deutschland: Aufstieg und gesellschaftliche Repräsentanz einer rechten populistischen Partei, Wiesbaden.

Becker, A./Eberhardt, S./Kellershohn, H. (Hg.) (2019): Zwischen Neoliberalismus und völkischem >Antikapitalismus<. Sozial- und wirtschaftspolitische Konzepte der AfD und der Neuen Rechten, Münster.

Bender, J. (2017): Was will die AfD. Eine Partei verändert Deutschland, München.

Benz, W. (2019): Alltagsrassismus. Feindschaft gegen „Fremde" und „Andere", Frankfurt/M.

Benz, W. (2020): Antisemitismus. Präsenz und Tradition eines Ressentiments, Frankfurt/M.

Berger, J. (2019): Wirtschaftliche Ungleichheit. Machttheoretische Perspektiven, Wiesbaden.

Biermann, K./Geisler A./Radke, J./Steffen, T. (2018): AfD-Abgeordnete beschäftigen Rechtsextreme und Verfassungsfeinde. In: Die Zeit vom 21.03.2018. URL: https://www.zeit.de/politik/deutschland/2018-03/afd-bundestag-mitarbeiter-rechtsextreme-identitaere-bewegung – Download am 14.01.2020.

Biess, F. (2019): Republik der Angst. Eine andere Geschichte der Bundesrepublik, Reinbek bei Hamburg.

Botsch, G. (2012): Die extreme Rechte in der Bundesrepublik Deutschland 1949 bis heute, Darmstadt.

Buchberger, W./Mittnik, P. (Hg.) (2019): Herausforderung Populismus, Frankfurt/M.

Bude, H. (2014): Gesellschaft der Angst, Hamburg.

Bundesverband Mobile Beratung/Mobile Beratung gegen Rechtsextremismus/ Kulturbüro Sachsen (2019): „Wir holen uns unser Land und unser Volk zurück". Empfehlungen zum Umgang mit rechtspopulistischen Parteien in Parlamenten und Kommunen, Dresden.

Butterwegge, Chr. (2020): Die zerrissene Republik, Weinheim.

Butterwegge, Chr./Hentges, G./Lösch, B. (Hg.) (2018): Auf dem Weg in eine andere Republi8k? – Neoliberalismus, Standortnationalismus und Rechtspopulismus, Weinheim/Basel.

Butterwegge, Chr./Hentges, G./Wiegel, G. (2018): Rechtspopulismus in Parlamenten. Polemik, Agitation und Propaganda der AfD, Frankfurt/M.

Crouch, C. (2017): Postdemokratie, Frankfurt/M.

Crouch, C. (2019): Postdemokratie nach der Krise, in: Hartmann, T., a.a.O., S. 98–107.

Daase, Chr./Deitelhoff, N./Junk, J. (Hg.) (2019): Gesellschaft extrem. Was wir über Radikalisierung wissen, Frankfurt/M.

Decker, F. (2019): Über Jamaika zur Fortsetzung der Großen Koalition. Die Entwicklung des Parteiensystems vor und nach der Bundestagswahl 2017. In: Korte, K.-R./Schoofs, J. (Hg.), Die Bundestagswahl 2017, S. 201–224.

Decker, F. (Hg.) (2006): Populismus. Gefahr für die Demokratie oder nützliches Korrektiv? Wiesbaden.

Detering, H. (2019): Was heißt hier „wir"? Zur Rhetorik der parlamentarischen Rechten (6. Auflage), Leipzig.

DHB (2020): Fraktionsstärke und Fraktionswechsel. URL: https://www. bundestag.de/resource/blob/196154/bf49103b659b8a8f8fe9d5ee8bb03363/ Kapitel_05_04_Fraktionswechsel-data.pdf – Download am 04.02.2020.

DHB (2014): Regelungen zur Debattendauer. URL: https://www.bundestag.de/resource/blob/196288/dac46e4464ebf275361cba97229096e2/Kapitel_07_11_Regelungen_zur_Debattendauer-data.pdf – Download am 04.02.2020.

Europäisches Parlament (2019a): Mitglieder je Mitgliedsstaat und Fraktion. URL: https://www.europarl.europa.eu/meps/de/search/table – Download am 14.01.2020.

Europäisches Parlament (2019b): Fraktionen: Fraktion Identität und Demokratie. URL: https://multimedia.europarl.europa.eu/de/parliamentary-groups-identity-and-democracy_N01-PUB-190720-IDGR_ev – Download am 14.01.2020.

Falkner, T./Kahrs, H. (2018): Deutungsmuster zum Erfolg der AfD bei der Bundestagswahl 2017. RLS Arbeitspapier 01/2018, Berlin.

F.A.Z. (2019a): AfD nimmt umstrittene Abgeordnete nicht in Fraktion auf. Beitrag vom 19.01.2019. URL: https://www.faz.net/aktuell/politik/afd-schliesst-umstrittene-politikerin-aus-fraktion-aus-15995558.html – Download am 21.06.2019.

F.A.Z. (2019b): AfD-Politiker Brandner abgewählt. URL: https://www.faz.net/aktuell/politik/inland/rechtsausschuss-waehlt-afd-politiker-brandner-als-vorsitzenden-ab-16483097.html – Download am 14.01.2020.

Foroutan, N. (2019): Die postmigrantische Gesellschaft. Ein Versprechen der pluralen Demokratie, Bielefeld.

Fraktion der AfD im Hessischen Landtag (2019): Wie es wirklich um Deutschland steht. Fakten statt Fake News, Wiesbaden.

Franz, Chr./Fratzscher, M./Kritikos, Alexander S. (2018): AfD in dünn besiedelten Räumen mit Überalterungsproblemen stärker. DIW Wochenbericht 8, Berlin.

Frei, N./Maubach, F./Morina, Chr./Tändler, M. (2019): Zur Rechten Zeit, Berlin.

Friedrich, S. (2019): Die AfD. Analyse – Hintergründe – Kontroversen, Berlin.

Geiselberger, H. (Hg.) (2017): Die große Regression. Eine internationale Debatte über die geistige Situation der Zeit, Berlin.

Geertz, C. (1983): Dichte Beschreibung. Beiträge zum Verstehen kultureller Systeme, Frankfurt/M.

Gille, Chr./Jagusch, B. (2019): Die Neue Rechte in der Sozialen Arbeit in NRW (FWG-Studie), Düsseldorf.

Gomolla, M./Kollender, E./Menk, M. (Hg.) (2018): Rassismus und Rechtsextremismus in Deutschland. Figurationen und Interventionen in Gesellschaft und staatlichen Institutionen, Weinheim und Basel.

Grözinger, G. (2017): Der Erfolg der AfD bei der Bundestagswahl 2017. Eine regionalorientierte Analyse. Discussion Paper Nr. 27, Flensburg.

Gorskih, A./Hanneforth, G./Nattke, M. (2016): Die parlamentarische Praxis der AfD in den Kommunalparlamenten Sachsens. Paper. Heinrich Böll Stiftung Sachsen.

Hafeneger, B./Jestädt, H./Klose, L.-M./Lewek, P. (2018): AfD in Parlamenten, Frankfurt/M.

Hafeneger, B. (2019): Fake News, Verschwörungstheorien und alternative Fakten. Phänomene, Medien und Akteure. In: Barsch, S/Lutter, A./Meyer-Heidemann, Chr. (Hg.), Fake und Filter. Historische und politische Bildung in Zeiten der Digitalität, Frankfurt/M., S. 137–154.

Hartleb, F. (2018): Die Stunde der Populisten, Frankfurt/M.

Hartmann, T./Dahm, J./Decker, F. (HgG.) (2019): Die Zukunft der Demokratie. Erkämpft. Verteidigt. Gefährdet? Bonn.

Häusler, A. (2016): Die Alternative für Deutschland, Wiesbaden.

Häusler, A./Roeser, R. (2015): Die rechten „Mut"-Bürger: Entstehung, Entwicklung, Personal & Positionen der „Alternative für Deutschland", Hamburg.

Heitmeyer, W. (2012): Gruppenbezogene Menschenfeindlichkeit in einem entsicherten Jahrzehnt. In: ders. (Hg.), Deutsche Zustände. Folge 10, Berlin, S. 15–41.

Heitmeyer, W. (2018): Autoritäre Versuchungen: Signaturen der Bedrohung I, Berlin.

Hentges, G. et al. (Hg.) (2014): Sprache – Macht – Rassismus, Berlin.

Jesse, E./Mannewitz, T./Panreck, Chr. (Hg.). (2019): Populismus und Demokratie, Baden-Baden.

Jörke, D./Selk, V. (2017): Theorien des Populismus, Hamburg.

Kaltwasser, C. R./Vehrkamp, R./Wratil, Chr. (2019): Europa hat die Wahl. Populistische Einstellungen und Wahlabsichten bei der Europawahl 2019 (Bertelsmann Stiftung), Gütersloh.

Kellershohn, H./Kastrup, W. (Hg.) (2016): Kulturkampf von rechts. AfD, Pegida und Neue Rechte, Münster.

Klein, M./Herckert, F./Peper, Y. (2018): Rechtspopulismus oder rechter Verdruss? In: Kölner Zeitschrift für Soziologie und Sozialpsychologie. DOI: 10.1007/s11577-018-0564-4

Koppetsch, C. (2019): Die Gesellschaft des Zorns, Bielefeld.

Krastev, I. (2017): Europadämmerung, Berlin.

Lessenich, S. (2016): Neben uns die Sintflut. Die Externalisierungsgesellschaft und ihr Preis, Berlin.

Lessenich, S. (2019): Grenzen der Demokratie, Stuttgart.

Lucke, A. (2019): Der Niedergang der SPD und das Ende der deutschen Volksparteiendemokratie. In: Hartmann, T./Dahm, J./Decker, F. (HgG.), Die Zukunft der Demokratie. Erkämpft. Verteidigt. Gefährdet? Bonn, S. 73–83.

Manow, P. (2018): Die Politische Ökonomie des Populismus, Berlin.

Metz, M./Seeßlen, G. (2018): Der Rechtsruck. Skizzen zu einer Theorie des politischen Kulturwandels, Berlin.

Milbradt, B./Biskamp, F./Albrecht, Y./Kiepe, L. (Hg.) (2017): Ruck nach rechts? Rechtspopulismus, Rechtsextremismus und die Frage nach Gegenstrategien, Opladen/Berlin/ Toronto.

Mudde, C./Kaltwasser, C.R. (2019): Populismus. Eine sehr kurze Einführung, Bonn.

Müller, J.-W. (2017): Was ist Populismus? Ein Essay, Berlin.

Nachtwey, O. (2016): Abstiegsgesellschaft. Über das Aufbegehren in der regressiven Moderne, Berlin.

Nida-Rümelin, J. (2020): Die gefährdete Rationalität der Demokratie, Hamburg.

Niedermayer, O. (2018): Die Entwicklung des bundesdeutschen Parteiensystems, in: Decker, F./Neu, V. (Hg.), Handbuch der deutschen Parteien, Wiesbaden, S. 97–125.

Orwell, G. (1945/2020): Über Nationalismus, Hamburg.

Piketty, T. (2016): Ökonomie der Ungleichheit (2. Auflage), München.

Piketty, T. (2020): Kapital und Ideologie, München.

Pörksen, B./Schulz von Thun, F. (2020): Die Kunst des Miteinander-Redens, München.

Priester, K. (2007): Populismus. Historische und aktuelle Herausforderungen, Frankfurt/M., New York.

Priester, K. (2012): Wesensmerkmale des Populismus. In: APuZ 62, S. 3–9.

Quent, M. (2019): Deutschland Rechts Außen. Wie die Rechten nach der Macht greifen und wie wir sie stoppen können, München.

Reckwitz, A. (2019): Das Ende der Illusionen – Politik, Ökonomie und Kultur in der Spätmoderne, Berlin.

Reckwitz, A. (2019): Gesellschaft der Singularitäten, Berlin.

Richter, Chr./Bösch, L. (2017): Demokratieferne Räume? Wahlkreisanalyse zur Bundestagswahl 2017, Jena.

Richter, Chr./Salheiser, A./Quent, M. (2019): Rechtsradikale Landnahme. Analyse des AfD-Wahlerfolgs zur Landtagswahl 2019 in den Thüringer Gemeinden (Institut für Demokratie und Zivilgesellschaft), Jena (abgerufen unter „Rechtsradikale Landnahme" am 24.01.2020).

Ruhose, F. (2018): Ein Jahr AfD im Bundestag: Wie sie arbeitet, was sie plant und wie man sie schwächt: Discussion Paper (Das Progressive Zentrum), Berlin.

Ruhose, F. (2019): Die AfD im Deutschen Bundestag, Wiesbaden.

Ruhose, F. (2019a): Die AfD im Deutschen Bundestag. Zum Umgang mit einem neuen politischen Akteur, Wiesbaden.

Salzborn, S. (2017): Angriff der Antidemokraten. Die völkische Rebellion der Neuen Rechten, Weinheim und Basel.

Salzborn, S. (2018): Rechtsextremismus. Erscheinungsformen und Erklärungsansätze, Baden-Baden.

Schroeder, W./Weßels, B./Neusser, Chr./Berzel, A. (2017a): Parlamentarische Praxis der AfD in deutschen Landesparlamenten, Berlin (Discussion Paper, WZB).

Schroeder, W./Weßels, B./Neusser, Chr./Berzel, A. (2017b): Die AfD in den Landtagen – Etablierte unter Druck? In: Forschungsjournal Soziale Bewegungen. 30. JG. 2/17.

Schroeder, W./Weßels, B. (Hg.) (2019): Smarte Spalter. Die AfD zwischen Bewegung und Parlament, Bonn.

Speit, A. (Hg.) (2018): Das Netzwerk der Identitären. Ideologie und Aktionen der Neuen Rechten, Berlin.

Stabenow, M. (2019): Bündnis im EU-Parlament. Kampfansage der Rechtsfraktionen. In: F.A.Z. vom 13.06.2019.

Stahl, E. (2019): Die Sprache der Neuen Rechten: Populistische Rhetorik und Strategien, Stuttgart.

Stegemann, B. (2018): Das Gespenst des Populismus: Ein Essay zur politischen Dramaturgie, Berlin.

Stieglitz, J. (2012): Der Preis der Ungleichheit. Wie die Spaltung der Gesellschaft unsere Zukunft bedroht (3. Auflage), München.

Tagesschau (2019): Neue Fraktion im Europaparlament. Gebündelte Kräfte von Rechtsaußen. 13.06.2019. URL: https://www.tagesschau.de/ausland/rechtsfraktion-eu-parlament-101.html – Download am 14.01.2020.

Vehrkamp. R./Wegschaider, K. (2017): Populäre Wahlen. Mobilisierung und Gegenmobilisierung der sozialen Milieus bei der Bundestagswahl 2017 (Bertelsmann Stiftung), Gütersloh.

Virchow, F./Langebach, M./Häusler, A. (Hg.) (2016): Handbuch Rechtsextremismus, Wiesbaden.

Waibel, H. (2017): Die braune Saat. Antisemitismus und Neonazismus in der DDR, Stuttgart.

Walther, E./Isemann, Simon D. (2019): Die AfD – psychologisch betrachtet, Heidelberg.

Weber, O. (2019): Talkshows hassen. Ein letztes Krisengespräch, Stuttgart.

Weinert, F. (2018): Die Sprache der Rechten, Baden-Baden.

Weiß, V. (2017): Die autoritäre Revolte. Die Neue Rechte und der Untergang des Abendlandes, Bonn.

Weßels, B./ Giebler, H./Lichtblau, J. et al. (2014): Kandidatenstudie 2013. Motive, Nominierung, Wahlkampf, Repräsentation und Demokratie aus der Sicht der Bundestagskandidatinnen und Bundestagskandidaten (Wissenschaftszentrum Berlin für Sozialforschung), Berlin.

Weßels, B./Roßteutscher, S./Schmitt-Beck, R. et al. (2018): Kandidatenstudie (GLES 2017), GESIS Datenarchiv, Köln.

Wildt, M. (2017): Volk, Volksgemeinschaft, AfD, Bonn.

Wirsching, A./Kohler, B./Wilhelm, U. (Hg.) (2018): Weimarer Verhältnisse? Historische Lektionen für unsere Demokratie, Stuttgart.

Wolff, S. (2012): Dokumenten- und Aktenanalyse, in: Flick, U./von Kardorff, E./Steinke, I. (Hg.): Qualitative Forschung. Ein Handbuch, München, S. 502–513.

Zick, A./Küpper, B. (Hg.) (2015): Wut, Verachtung, Abwertung: Rechtspopulismus in Deutschland, Bonn.

Zick, A./Küpper, B./Bergan, W. (Hg.) (2019): 2019. Verlorene Mitte – Feindselige Zustände. Rechtsextreme Einstellungen in Deutschland 2018/19, Bonn.

Zick, A./Küpper, B./Krause, D. (Hg.) (2016): Gespaltene Mitte – Feindselige Zustände. Rechtsextreme Einstellungen in Deutschland 2016, Bonn.

Zielonka, J. (2017): Konterrevolution. Der Rückzug des liberalen Europa, Frankfurt/M.

ZEIT Online (2019): AfD lässt Mandate mangels Kandidaten unbesetzt. 31. Mai 2019. URL: https://www.zeit.de/politik/deutschland/2019-05/kommunalwahl-afd-mandate-kandidaten-ostdeutschland – Download am 04.02.2020.

Anhang

Die folgenden Dokumente zeigen exemplarisch, welche Themen die AfD-Landtagsfraktion in ihrem ersten Jahr im Hessischen Landtag eingebracht hat. Einige Anträge und Anfragen
sind vollständig, andere nur in Auszügen abgedruckt.

Dringlicher Berichtsantrag

Fraktion der AfD

Goethe-Universität: „Meldestelle Rechtsextremismus"

Die Landesregierung wird ersucht, im Ausschuss für Wissenschaft und Kunst (WKA) über folgenden Gegenstand zu berichten:

1. Wie steht die Landesregierung zum Beschluss des Senats der Johann-Wolfgang-Goethe-Universität zur Gründung einer „Task-Force", zur Einrichtung einer Meldestelle und zur Abhaltung regelmäßiger Informationsveranstaltungen rein gegen Rechtsextremismus („Frankfurter Rundschau", 15.02.2019)?

2. Wie hoch sind die Fallzahlen links-, rechts- und religiös-extremistischer Vorkommnisse („Outings" (Denunziationen), Demonstrationen, Störungen des Lehrbetriebes etc.) an der Johann-Wolfgang-Goethe-Universität Frankfurt?

3. Sofern die Fallzahlen solche Maßnahmen überhaupt stützen, sollten diese Maßnahmen nicht für alle Arten des Extremismus gleichermaßen eingeführt werden?

4. Gehören die Störer einer Psychologievorlesung („Frankfurter Rundschau", 15.02.2019) einer vom Hessischen Verfassungsschutz untersuchten extremistischen Gruppierung an?

Begründung:

Grundlage für den Antrag der Grünen-Hochschulgruppe war die Ruhestörung einer Psychologieveranstaltung durch mutmaßliche Aktivisten der Antifa, welche eine Studentin unter Nennung ihres Namens und ihrer Adresse bezichtigten, der rechtsextremen „Identitären Bewegung" anzugehören.

Diese Art der Störung des Lehrbetriebes und die öffentliche Denunziation wurden mutmaßlich von Personen getätigt, welche dem linksextremistischen Milieu zugeordnet werden. Solche „Outings" sind längst keine Seltenheit mehr. Statt vorerst gegen die Verursacher der Störung und dementsprechend auch gegen Linksextremismus vorzugehen, werden nun Pläne gefordert und höchstwahrscheinlich auch umgesetzt, welche das Problem nicht bei Extremismus an sich sehen, sondern explizit nur den Rechtsextremismus behandeln sollen.

Im Verfassungsschutzbericht 2017 beschreibt das hessische Landesamt für Verfassungsschutz auf Seite 85 unter dem Reiter „Antifaschismus" diese Situation und das Handeln von linksautonomen Gruppen wie folgt:

„Vor allem das Themenfeld „Antifaschismus" zeichnet sich für Linksextremisten dadurch aus, dass es eine hohe Anschlussfähigkeit an nichtextremistische Organisationen und Gruppierungen ermöglicht. Im Unterschied zur demokratischen Bekämpfung des Rechtsextremismus ist das linksextremistische „Antifaschismus",-Verständnis von Demokratiefeindlichkeit geprägt. In kommunistischer Tradition unterstellen Linksextremisten der Demokratie der Bundesrepublik Deutschland, selbst „faschistisch" oder „faschistoid" zu sein. „Faschist" ist demnach jeder, der linksextremistische Überzeugungen nicht teilt. Sobald die Bewertung „Faschist" vergeben ist, ist der Betroffene, unabhängig von seinen tatsächlichen Überzeugungen, nach linksextremistischem Urteil legitime Zielscheibe von Diffamierungen und Gewalttaten. Unter „Antifaschismus" verstehen Linksextremisten bzw. Autonome nicht nur die konsequente Ablehnung rechtsextremistischer Bestrebungen, vielmehr setzen sie den offensiven „Kampf gegen Rechts" mit dem „Kampf gegen das Ganze", das heißt gegen das „bürgerlich-kapitalistische System", gleich: Erst wenn der „Kapitalismus" beseitigt sei, sei die Gefahr des Faschismus als Form bürgerlicher Herrschaft gebannt."

Das Handeln der sogenannten Aktivisten, welches eindeutig als linksextrem zu bezeichnen ist, wird in keinster Weise sanktioniert, sondern stattdessen für gut befunden und als Grundlage genutzt, um den Kampf gegen den Rechtsextremismus auszuweiten, obwohl hier offener Linksextremismus ausgelebt wurde.

Extremismus ist in jeglicher Couleur zu unterbinden und die Neutralität der hessischen Bildungs- und Hochschuleinrichtungen zu wahren.

Wiesbaden, 25. Februar 2019

Der Parlamentarische Geschäftsführer:
Dr. Frank Grobe

Antrag

Fraktion der AfD

Aufruf gegen „Gender-Unfug"

Der Landtag wolle beschließen:

Sämtliche in der Vergangenheit vom Hessischen Landtag beschlossenen Regelungen, die eine „geschlechtergerechte Sprache" zum Gegenstand haben, werden außer Kraft gesetzt. Die Hessische Landesregierung wird ebenfalls aufgefordert, die von ihr erlassenen entsprechenden Regelungen außer Kraft zu setzen.

Begründung:

Seit mehr als 30 Jahren wird die vermeintlich geschlechtergerechte Sprache praktiziert. In den meisten Behörden und öffentlichen Einrichtungen wurden Richtlinien und Leitfäden zur Umsetzung dieser Sprachregelungen erarbeitet, die immer absurdere Sprachregelungen hervorbrachten. Spätestens nach der Feststellung des Bundesverfassungsgerichts, dass es nicht nur zwei, sondern noch weitere Geschlechter gibt, die dann auch sprachlich umgesetzt werden müssten, ist die Rückkehr zur normalen Sprache Goethes und Schillers überfällig.

Dies hat den Verein Deutsche Sprache (VDS) und prominente Publizisten und Schriftsteller veranlasst, zum Kampf gegen die vermeintlich geschlechtergerechte Sprache aufzurufen. Aus Sorge um die „zerstörerischen Eingriffe in die deutsche Sprache" wenden sich die 100 Erstunterzeichner vor allem aus Wissenschaft, Medien und Kultur in einem „Aufruf zum Widerstand" unter dem Titel „Schluss mit dem Gender-Unfug!" an die Öffentlichkeit.

Initiatoren des Schreibens sind die Schriftstellerin Monika Maron, der Sprachkritiker Wolf Schneider, der frühere Präsident des Deutschen Lehrerverbandes, Josef Kraus, sowie der VDS-Vorsitzende Walter Krämer. Diese führen in ihrem Aufruf aus: „Die sogenannte gendergerechte Sprache beruht erstens auf einem Generalirrtum, erzeugt zweitens eine Fülle lächerlicher Sprachgebilde und ist drittens konsequent gar nicht durchzuhalten. Und viertens ist sie auch kein Beitrag zur Besserstellung der Frau in der Gesellschaft".

Der grundlegende Irrtum liegt darin, dass es keinen Zusammenhang zwischen dem natürlichen und dem grammatischen Geschlecht gibt. Beispiel: der Löwe, die Giraffe, das Pferd. Bei den genannten (und allen anderen) Tierarten gibt es zwei Geschlechter (möglicherweise auch noch ein drittes und weitere).

Die „Gender-Sprache" erzeugt eine „Fülle lächerlicher Sprachgebilde" – teilweise versehen mit Unterstrichen und Gender-Sternchen, die sich jedoch sprachlich nicht umsetzen lassen. Doch selbst bekennende Gender-„SprecherInnen" setzen die geschlechtergerechte Sprache nie konsequent um. In Hessen gibt es weder einen „Ministerinnen- und Ministerpräsidenten" noch ein Ministerium für Umwelt, Klimaschutz, Landwirtschaft und Verbraucherinnen- und Verbraucherschutz.

Dafür wurden in der StVO aus „Radfahrern" „die Radfahrenden", aus „Fußgängern" die „zu Fuß gehenden" und aus „Fahrern" die „Fahrzeugführenden". Andererseits gibt es in hessischen Städten weder Fußgängerinnen- und Fußgängerzonen noch Bürgerinnen- und Bürgersteige – ebenso wenig wie Führerinnen- und Führerscheinstellen. In den Frankfurter U-Bahnen wird Schwarzfahrern ein Bußgeld von 60 Euro angedroht, während Schwarzfahrerinnen nicht belangt werden. Die Polizei warnt Senioren vor Betrügern, die den Enkeltrick anwenden, obwohl es sich bei den Betrügern inzwischen meist um angebliche Enkelinnen handelt.

Eingegangen am 13. März 2019 · Ausgegeben am 15. März 2019

Herstellung: Kanzlei des Hessischen Landtags · Postfach 3240 · 65022 Wiesbaden · www.Hessischer-Landtag.de

Bei dem in Hessen ansässigen DFB gibt es eine Frauenfußball-Mannschaft, für die – wenn sie erfolgreich ist – der DFB dann auch konsequenterweise eine Siegerehrung ausrichtet und nicht etwa eine Siegerinnenehrung.

In jedem TV-Werbespot zu Medikamenten wird dazu aufgerufen, zu Risiken und Nebenwirkungen den Arzt oder den Apotheker zu fragen – Ärztinnen und Apothekerinnen werden offensichtlich als nicht hinreichend kompetent angesehen.

Im Ergebnis ist festzustellen, dass der Aufruf des Vereins Deutsche Sprache überfällig ist und das Experiment der vermeintlich geschlechtergerechten Sprache endlich beendet werden muss. Das Land Hessen sollte hier mit gutem Beispiel vorangehen und alle entsprechenden Regelungen unverzüglich außer Kraft setzen. Damit wird nicht nur eine Rückkehr zur normalen Sprachanwendung ermöglicht, sondern es werden auch erhebliche Kosten eingespart, die im Zusammenhang mit der Umsetzung der "geschlechtergerechten" Sprache entstehen.

Wiesbaden, 13. März 2019

Der Parlamentarische Geschäftsführer:
Dr. Frank Grobe

20. Wahlperiode

HESSISCHER LANDTAG

Drucksache 20/809

13/06/19 Rd

Kleine Anfrage

Abg. Claudia Papst-Dippel (AfD), Gerhard Schenk (AfD)

Konkurrenz Honigbienen – Wildbestäuber

Vorbemerkung:

„Es gibt kaum einen besseren Ort als die Stadt, um Bienen zu halten... Ob in New York, Paris oder Berlin
– überall in den Metropolen boomt die Stadt-Imkerei" meint der NABU zu Honig vom Balkon.
„Bei Bestäubung dürfe man nicht nur an Honigbienen denken, warnen Biologen der Universität Cambridge
im Fachmagazin „Science". Denn es gebe viele andere wilde Bestäuber, die unter den Honigbienen mit
ihren riesigen Staaten leiden könnten." (Deutschlandfunk 05.02.2018)

Vor diesem Hintergrund fragen wir die Landesregierung:

1. Welche weiteren Forschungsergebnisse liegen der Hessischen Landesregierung zur Auswirkung
   der Honigbienenzüchtung auf wilde Bestäuber in Städten vor?

2. Welche Forschungsergebnisse liegen der Hessischen Landesregierung zur Auswirkung des
   Honigbieneneinsatzes zur Bestäubung von Nutzpflanzen auf wilde Bestäuber auf dem Land vor?

3. Welche Maßnahmen plant die Hessische Landesregierung, um den Bestand an wilden Bestäubern
   zu erhalten, zu fördern, sowie Kommunen und Verbände über die Problematik aufzuklären?

Wiesbaden, den 13.06.2019

(Claudia Papst-Dippel)

(Gerhard Schenk)

20. Wahlperiode

HESSISCHER LANDTAG

1#U9
Drucksache 20/893
0110711ª Rd

Kleine Anfrage

Abg. Klaus Gagel (AfD)

Positive Auswirkungen des Klimawandels in Hessen im Bereich Wohnen und Mieten

Vorbemerkung:

Der Klimawandel bewirkt unter anderem steigende Temperaturen und beschert uns in der Folge heißere Sommer und mildere Winter als im vorigen Jahrhundert. Die positiven Effekte des Klimawandels für das Bundesland Hessen werden in der öffentlichen Debatte kaum wahrgenommen oder es wird bewusst der Zusammenhang nicht hergestellt. Zahlreiche Branchen der hessischen Wirtschaft sowie Privatpersonen profitieren vom bestehenden Klimawandel.

Ich frage die Landesregierung:

1. Wie hat sich die Heizperiode in Hessen seit 1960 klimawandelbedingt verändert, sowohl nach Klimafaktoren- EnEV (https://www.dwd.de/DE/leistungen/klimafaktoren/klimafaktoren.html) als auch nach Gradtagzahlen (https://de.wikipedia.org/wiki/Gradtagzahl)?

2. Welche qualitativen Auswirkungen bezüglich der Wohnnebenkosten hatte der Klimawandel für Mieter und Eigentümer?

3. Sind diese qualitativen Auswirkungen als insgesamt positiv zu werten?

4. Wie ist die durchschnittliche Entwicklung der Heizkosten für Mieter bzgl. eines 4-köpfigen Haushalts seit 1960 in Prozent der gesamten Wohnnebenkosten (qualitativ, wenn möglich quantitativ) ?

5. Wie sieht die Landesregierung die Auswirkungen des Klimawandels auf die Heizkostenentwicklung eines durchschnittlichen 4-köpfigen Mieterhaushalts von 2019 bis 2050 in Prozent der gesamten Wohnnebenkosten (qualitativ, wenn möglich quantitativ)?

6. Wie ist die durchschnittliche Entwicklung der Nebenkosten für Winterräumdienste für Mieter bzgl. eines 4-köpfigen Haushaltes seit 1960 in Prozent der gesamten Wohnnebenkosten (qualitativ, wenn möglich quantitativ)?

7. Wie sieht die Landesregierung die Auswirkungen des Klimawandels auf die Entwicklung der Nebenkosten für Winterräumdienste bzgl. eines durchschnittlichen 4-köpfigen Mieterhaushalts von 2019 bis 2050 in Prozent der gesamten Wohnnebenkosten (qualitativ, wenn möglich quantitativ)?

Wiesbaden, den 28.06.2019

(Klaus Gagel)

HESSISCHER LANDTAG

Kleine Anfrage

Abg. Dr. Frank Grobe (AfD), Rolf Kahnt (AfD), Heiko Scholz (AfD)

Kunstaktion in Kassel: AfD als Werwolf

Vorbemerkung:

Mitten auf dem zentralen Kasseler Königsplatz hat Herr Rainer O. am 16.07.2019 überlebensgroße Mischwesen aus Wolf und Mensch aufstellen lassen. Diese Horrorwesen mit ihren zur Schau gestellten Muskeln, Krallen und gefletschten Zähnen tragen teilweise Waffen. Hinter den Wolfsmenschen leuchten Warnschilder in grellgelb. Darauf ist unter anderem zu lesen: „AfD Wir hetzen nur Das Treten überlassen wir anderen."

Damit setzt der Künstler Menschen mit brutalen Mischwesen aus Mensch und Tier gleich. Diese Art von ‚Kunst' erinnert an Zeiten, in denen es zum guten Ton gehörte, Menschen ihre Menschenwürde abzusprechen, indem man sie mit Tieren verglich.

Ein Kunstwerk lebt von seiner Vielschichtigkeit, durch seine künstlerischen Herzkammern, die immer neue Interpretationen zulassen. Eine einzige Aussage zu forcieren, ist keine künstlerische Leistung. Die „Kunst" von O. bietet nur zwei Möglichkeiten: ihr zuzustimmen oder sie abzulehnen. Das Wesen der künstlerischen Aussage ist aber keine eindeutige, sondern immer eine mehrdeutige. Diese ‚Kunstrichtungen' hatten ebenfalls nur ein Ziel – nämlich politisch Andersdenkende zu diffamieren.

AfD-Mitglieder und über sechs Millionen AfD-Wähler mit Wolfsmenschen zu vergleichen und ihnen damit die Menschenwürde abzusprechen, die in unserem Grundgesetz festgeschrieben ist, dokumentiert die antidemokratische Geisteshaltung dieses Künstlers. Damit steht sein Schaffen symptomatisch für eine ganze Reihe von ‚Kunstwerken", die sich auf beschämende Art und Weise mehr oder weniger direkt gegen die AfD und ihre Mitglieder richten.

Wir fragen die Landesregierung:

1. Wie steht die Landesregierung generell zu dieser Aktion?

2. Wie stuft die Landesregierung dieses „Kunstprojekt" ein? Fällt es unter die Kunstfreiheit, oder ist dieses schon als Hetze einzustufen?

3. Entspricht die Haltung des Künstlers zu seiner Kunst dem Kunstverständnis der Landesregierung?

4. Wurden für dieses Projekt Fördergelder durch das Land Hessen, oder dessen Unterbehörden, bzw. dessen Kommunen bereitgestellt?

5. Wenn ja, bitte nach Höhe der Fördersumme und Förderer aufschlüsseln.

20. Wahlperiode

HESSISCHER LANDTAG

Drucksache 20/1743

Kleine Anfrage

Volker Richter (AfD), Dimitri Schulz (AfD), Klaus Herrmann (AfD), Dirk Gaw (AfD)

Gespräche des Landes Hessen mit der Arbeitsgemeinschaft der Ausländerbeiräte Hessen (AGAH)

Vorbemerkung:

Die Landesregierung, im speziellen Minister Beuth, soll vor der Einbringung des Gesetzesentwurfes: *„Gesetz zur Verbesserung der politischen Teilhalbe von ausländischen Einwohnerinnen und Einwohnern an der Kommunalpolitik sowie zur Änderung kommunal- und wahlrechtlicher Vorschriften"*, Drucksache 20/1644, von Seiten der Arbeitsgemeinschaft der Ausländerbeiräte (AGAH) in der Vergangenheit Ideenvorschläge zur Verbesserung des Ausländerbeirätesystems bekommen haben. Dies bestätigte der Vorsitzende der AGAH, Enis G. in einem Artikel der Hessenschau vom 05.12.2019 (https://www.hessenschau.de/politik/wie-die-gruenen-den-zorn-der-auslaenderbeiraete-auf-sich-ziehen,reform-auslaenderbeiraete-100.html).

Obwohl Minister Peter Beuth in seiner Zuständigkeit Kenntnis über die Causa hätte haben müssen, legten die Koalitionsfraktionen einen für die Ausländerbeiräte untragbaren Gesetzesvorschlag dem Landtag vor.

Wir fragen die Landesregierung:

1. Seit wann hat die Landesregierung Kenntnis über Vorschläge der AGAH?

2. Wurde der Konzeptvorschlag der AGAH an die Koalitionsfraktionen weitergereicht?

3. Wenn der Konzeptvorschlag weitergereicht wurde, wurde dieser in die Ausarbeitung des Gesetzesentwurfes eingearbeitet, bzw. hatte dieser einen maßgeblichen Einfluss?

4. Gab es seitens der Landesregierung Gespräche mit der AGAH?

5. Wenn ja, wann und wo haben diese Gespräche stattgefunden?

6. Wer hat an den Gesprächen teilgenommen?

7. Zu welchem Zeitpunkt hat die Hessische Regierungskoalition die Gesetzesvorlage an die AGAH weitergegeben?

Wiesbaden, den 19.12.2019

(Volker Richter)   (Dimitri Schulz)   (Dirk Gaw)   (Klaus Herrmann)

Kleine Anfrage

Abg. Volker Richter (AfD), Dimitri Schulz (AfD)

Heimaturlaub von Flüchtlingen

Vorbemerkung

BILD vom 17.08.2019: „Sie kamen nach Deutschland, weil sie aus ihrem Heimatland vor Krieg, Terror und Verfolgung flüchten mussten. Viele riskierten dabei ihr Leben. Umso unglaublicher, dass Flüchtlinge in ihre Heimat zurückreisen, um dort Urlaub zu machen oder Verwandte zu besuchen. BILD-Reporter Mohammad R. (29), selbst anerkannter Flüchtling aus Syrien, hat mit einigen Landsleuten gesprochen – und mit Reisebüros und Vermittlern, die sich darauf spezialisiert haben!

„Anruf bei der libanesischen Fluggesellschaft Nakhal, die auf ihrer Website eine Nummer in Berlin angibt, und beim Reisebüro „Al-Outom" (auf deutsch: „nach Hause" [der Verfasser]) in Berlin-Neukölln. Der Reporter erklärt, dass er in seine Heimat reisen will, obwohl er das nach dem Asylgesetz nicht darf. Antwort eines Mitarbeiters: „Kein Problem. Sie brauchen nur einen syrischen Reisepass oder müssen ein Übergangsticket in der syrischen Botschaft beantragen. Um den Rest kümmern wir uns."

Hat man sodann die entsprechenden „Dokumente", besorgen die Reise-Vermittler im Libanon eine Ausnahme-Genehmigung für die Einreise nach Syrien: „Ein Bus holt Sie direkt am Flughafen in Beirut ab und bringt Sie über die Grenze", erklärt ein Reisebüro-Mitarbeiter. Kosten für den Heimat-Urlaub: rund 800 Euro – inklusive Flug, Busfahrt, Dokumenten und Bestechungsgeldern, berichtet BILD des Weiteren über die durchorganisierte Urlaubsplanung für die geflüchteten Schutzsuchenden."

Wir fragen die Landesregierung:

1. Wie viele anerkannte Flüchtlinge gemäß Art 16a GG sind nach Kenntnis der Landesregierung aus dem Bundesland Hessen seit dem 01.01.2014 ausgereist, um das Herkunftsland, aus dem sie vor Verfolgung geflohen sind, aufzusuchen (Bitte nach Zeitpunkt und Dauer der Ausreise sowie Staatsangehörigkeit(en) der ausgereisten Personen aufschlüsseln.)?

2. Wie viele anerkannte Flüchtlinge gemäß § 3 Abs. 1 AsylG sind nach Kenntnis der Landesregierung aus dem Bundesland Hessen seit dem 01.01.2014 ausgereist, um das Herkunftsland, aus dem sie vor Verfolgung geflohen sind, aufzusuchen (Bitte nach Zeitpunkt und Dauer der Ausreise sowie Staatsangehörigkeit(en) der ausgereisten Personen aufschlüsseln.)?

3. Wie viele subsidiär Schutzberechtigte gemäß § 4 Abs. 1 AsylG sind nach Kenntnis der Landesregierung aus dem Bundesland Hessen seit dem 01.01.2014 ausgereist, um das Herkunftsland, aus dem sie vor Verfolgung geflohen sind, aufzusuchen (Bitte nach Zeitpunkt und Dauer der Ausreise sowie Staatsangehörigkeit(en) der ausgereisten Personen aufschlüsseln.)?

20. Wahlperiode

HESSISCHER LANDTAG

Drucksache 20/525

17104119 Rd

Kleine Anfrage

Abg. Rolf Kahnt (AfD)

Gefährdungslage durch Linksextremismus an Schulen

Vorbemerkung:

Das Landesamt für Verfassungsschutz Hessen führte in seinem Verfassungsschutzbericht 2017 aus: „Die Beseitigung der freiheitlichen demokratischen Grundordnung und die Errichtung eines totalitären, sozialistisch-kommunistischen Systems oder einer angeblich „herrschaftsfreien Gesellschaft" sind Ziele linksextremistischer Bestrebungen." Weiter heißt es: „Im Themenfeld „Antifaschismus" fällt es Linksextremisten leicht, Anknüpfungspunkte, Schnittstellen und Kooperationen zu nichtextremistischen Organisationen herzustellen. (...) Mittel- und langfristig können so linksextremistische Sichtweisen durch Annäherung und den Schulterschluss mit nichtextremistischen Gruppen in die „Mitte der Gesellschaft" getragen werden."

Im Jahr 2014 wurde der „Antifaschistischen Bildungsinitiative" (Antifa-BI) der Sozialpreis des Landkreises Wetterau verliehen. Die Antifa-BI habe ein Bildungskonzept für Schulen entwickelt, sei in vielen Schulen unterwegs und leiste angesichts steigender Flüchtlingszahlen und der damit zusammenhängenden rechtsgerichteten Kreise wertvolle Aufklärungsarbeit. (Wetterauer Zeitung vom 25.11.2014)

Ich frage die Landesregierung:

1. Gab oder gibt es eine Abstimmung der Antifaschistischen Bildungsinitiative mit dem Hessischen Kultusministeriums hinsichtlich deren Bildungskonzepten für Schulen?

2. Gab oder gibt es eine Kooperationsvereinbarung zwischen dem Hessischen Kultusministerium und der Antifaschistischen Bildungsinitiative bezüglich deren Zusammenarbeit mit Schulen?

3. Hat die Landesregierung Erkenntnisse, ob die Antifaschistische Bildungsinitiative weiterhin an Schulen aktiv ist?

4. Falls ja, durch wen legitimiert?

5. Sieht die Landesregierung die Einhaltung des Beutelsbacher Konsenses hinsichtlich der Aktivitäten der Antifaschistischen Bildungsinitiative an Schulen als gegeben an?

6. Welche Maßnahmen ergreift die Landesregierung um das Neutralitätsgebot an Schulen sicherzustellen?

WOCHEN SCHAU VERLAG
... ein Begriff für politische Bildung

Reiner Becker,
Sophie Schmitt (Hg.)

Beratung im Kontext Rechtsextremismus

Felder – Methoden – Positionen

Vorfälle mit einem extrem rechten oder menschenfeindlichen Hintergrund gehören mancherorts zum Alltag und machen viele Menschen ratlos. Auf der Suche nach Hilfe und Beratung können sie sich deutschlandweit an die Mobile Beratung wenden. Mobile Beratung im Kontext Rechtsextremismus unterstützt Menschen in Kommunen, zivilgesellschaftlichen Bündnissen, Schulen, (Sport-)Vereinen oder Familien im Umgang mit extrem rechten und menschenfeindlichen Tendenzen. Der Sammelband dokumentiert den aktuellen Wissensstand und die diskursiven Positionen der Profession. Er wendet sich an alle, die das Spektrum der Themen, Beratungsfelder und Methoden fachwissenschaftlich und aus der Praxis überblicken möchten.

ISBN 978-3-7344-0607-2,
384 S., € 39,90

Herausgegeben von

Reiner Becker, Dr. phil.
Leiter des Demokratiezentrums Hessen an der Philipps-Universität Marburg, Promotion im Graduiertenkolleg „Gruppenbezogene Menschenfeindlichkeit", Mitherausgeber der Zeitschrift „Demokratie gegen Menschenfeindlichkeit".

Sophie Schmitt, Dr. rer. pol., M.A.
Politikwissenschaftlerin und Diplom-Pädagogin, wissenschaftliche Mitarbeiterin am Demokratiezentrum Hessen an der Philipps-Universität Marburg.

www.wochenschau-verlag.de  www.facebook.com/ wochenschau.verlag @wochenschau-ver